Thomas Dörmann

Grüne Glücksorte im Ruhrgebiet

Geh raus und blüh auf

Droste Verlag

Erinnerung

Willst du immer weiter schweifen?
Sieh, das Gute liegt so nah.
Lerne nur das Glück ergreifen:
Denn das Glück ist immer da.

Johann Wolfgang von Goethe

*Für meine lieben Mitstreiter
Anja, Isabell und Kevin*

Dieses Buch gehört

....

....

Vorwort

Liebe Leser,

eine wundervolle, abwechslungsreiche und zeitweise sportliche Tour zu 80 grünen Glücksorten im Ruhrgebiet liegt hinter mir. Eine kommunikative Tour, auf der ich mit vielen Menschen ein Pläuschken hielt und oft auch diskutierte, ob manche Orte überhaupt zum Ruhrgebiet zählen. So viel ist sicher: Die Metropole Ruhr vereint eine große Anzahl an Städten und unsere herrliche Heimat bietet die Möglichkeit, von überall aus auch die Orte an ihrem Rande leicht zu erreichen.

„Ist doch alles grau im Ruhrgebiet", so tönt es bisweilen immer noch. Na klar, wir haben unsere Industriekultur – aber die lassen wir am grünen Wandel teilhaben. Längst ist aus dem scheinbar hässlichen Entlein ein schöner Schwan geworden. Die herrliche, die widerspenstige, die launische und die bunte Natur auf den ehemaligen Industriebrachen führt die Revolution des grünen Wandels im Ruhrgebiet an. Was es bei uns nicht alles gibt: Halden können mit hochmodernen Gefährten wie Segways erklommen werden, ja, es gibt sogar Touren mit Lamas, die die Teilnehmer auf Entschleunigungskurs bringen. Wer sich sein Fahrrad schnappt, radelt über die Römerroute, alte Bahntrassen oder entlang der „Canali Grandi des Reviers", und lernt so den Pott auf eigene Art und Weise kennen. Vorbei geht es an Schlössern oder Parks mit ihren botanischen Highlights, durch viele Naturschutzgebiete mit Wald, Wiesen, Bächen und Seen, die Mensch und Natur in harmonischen Einklang bringen.

Je nach Standort und Jahreszeit liegen die grünen Orte oft direkt „umme Ecke" und bilden ein unerschöpfliches Reservoir für wahre Glücksmomente. Macht was draus, runter von der Couch! Wie schon Goethe erkannte, hängt es ja nur davon ab, „zu lernen das Glück zu ergreifen: Denn das Glück ist immer da." Die grünen Glücksorte sind für alle da, ein jeder möge seine Orte finden und sich auf sie einlassen.

Ich würde mich freuen, wenn Sie in diesem Buch Anregungen zu Ihrem persönlichen grünen Glück finden. Lassen Sie sich aber bitte außerdem inspirieren, den einen oder anderen Glücksort im Grünen selbst ausfindig zu machen. Raus und ab in die Natur, denn unser Pott ist grün und bunt. Viel Spaß beim Lesen und Entdecken!

Ihr Thomas Dörmann

Inhaltsverzeichnis

Inhaltsverzeichnis

Stadtquartier

Der Westpark in Bochum

Für Ruhrpottler bietet der Westpark rund um die Jahrhunderthalle in Bochum eine gute Möglichkeit, den Arbeitsalltag hinter sich zu lassen. Hallo Stadtquartier: Durch seine Nähe zum Stadtzentrum erweist sich der Park nicht nur für die Anwohner als Glücksfall im Grünen. Im Naherholungsgebiet finden Mensch und Natur schnell ihre Balance – jeder für sich und miteinander. Die Höhenunterschiede auf dem Gelände werden ebenso intelligent wie harmonisch mit Brücken oder terrassenförmigen Wiesenlandschaften ausgeglichen.

Die interessante Landschaftsgestaltung lädt Besucher zum ausgiebigen Verweilen im Park ein. Spontan wird ein Erholungsquartier auf einer der vielen Wiesen aufgeschlagen, die Decken für ein entspanntes Picknick ausgebreitet. Dabei fallen einem die zahlreichen Tiere auf, die in der bunten Blütenpracht rundum zu Hause sind. Das ehemalige Industriegelände der Krupp Stahl AG mit seiner weithin sichtbaren Landmarke, dem alten Wasserturm, lässt der Natur schon seit Längerem freien Lauf, sodass sich Tiere und Pflanzen Stück für Stück ihr Territorium zurückerobert haben.

TIPP Brauhandwerk erleben in der 10 Autominuten entfernten Privatbrauerei Moritz Fiege, www.moritzfiege.de.

Ob Spaziergänger oder Jogger, die eine kurze Runde durch den Park drehen, oder Fahrradfahrer, die einen Boxenstopp zum Atemholen im Park einlegen, bevor es über die S-förmige Erzbahnschwinge – eine seilverspannte Hängegebrücke – weitergeht: Hier kommt jeder Naturfreund auf seine Kosten. Wer erst bei der Ankunft am Park mit dem Gedanken spielt, ein Fahrrad zu nutzen, der geht am besten an der Fahrradstation im Park vorbei. Denn dort besteht die Möglichkeit, sich ein Revierrad zu mieten, um die tolle Landschaft und die nicht minder tolle Umgebung auf zwei Rädern zu erkunden. Auch Hundebesitzer wissen dieses Grün für ein kurzes Quätschken zu schätzen. Wer darüber hinaus noch etwas Ruhrpottromantik im Park erleben möchte, sollte am Abend die beeindruckende Beleuchtung sowie einen schönen Blick über die Dächer von Bochum genießen.

Westpark Bochum, An der Jahrhunderthalle 1, 44793 Bochum
ÖPNV: Stadtbahn 302, Haltestelle Westpark oder Stadtbahn 302, 310, Haltestelle Jacob-Mayer-Str./Jahrhunderthalle

Picknick hoch oben

2 *Haldentour auf der Kissinger Höhe in Hamm*

Man nehme: eine blühende Landschaft, bunte Pflanzen, gut ausgebaute Wege, dann noch ein schönes Plätzchen mit einem wunderbaren Revierblick. Schon hat man die richtigen Zutaten für das Rezept zu einer reizvollen Haldentour in den Ruhrpott-Mountains. Die Kissinger Höhe in Hamm reiht sich in unser grünes Programm nahtlos ein, denn sie bietet entspannte Erholung in einer beeindruckenden Gegend. Drei Gipfel hat die Kissinger Höhe, auf dem südöstlichen Gipfel gibt es, nur als Tipp, einen Picknickplatz mit Steinhockern und riesigem Stahltisch. Wege in unterschiedlichen Schwierigkeitsgraden „ringeln" sich um die Anhöhe und führen hinauf auf die begrünte Bergerhalde des Bergwerks Ost zwischen den Hammer Stadtteilen Pelkum und Daberg. Spazieren, Wandern oder Nordic Walking sind hier in unterschiedlichen Steigungsvarianten und Weglängen möglich.

Zum Ziel, der Bank mit Panoramablick auf dem Bergplateau, ist für den Besucher ein gemütlicher Spaziergang Pflicht, bevor er mit toller Rundumsicht nebst Sitzgelegenheit belohnt wird. Hört sich doch eigentlich nett an. Ist es dann auch, denn wie so oft ist der Weg das Ziel und die Gegend rund um die Kissinger Höhe stimmt Erholungsuchende und Freizeitaktivisten schon aufs Gipfelglück ein. Auf gepflegten asphaltierten Wegen geht es in Richtung Berggipfel durch eine dichte Baum- und Pflanzenlandschaft, idealer Lebensraum und Rückzugsort für seltene Insektenarten, aber auch heimische Bienen und Hummeln fühlen sich im bunten Blütenreigen wohl. Ganz nebenbei wird an verschiedenen Stationen des Bergbaulehrpfads Zechenkultur nahegebracht. Allein in Ruhe die Halde hinaufzutapern ist schon erholsam, es weitet den Blick und ist der beste Ausgleich zu einem anstrengenden Alltag. Wenn dann das Haldenplateau in etwa 112 Metern Höhe über dem Meeresspiegel erreicht ist, winkt dem Haldenwalker die Belohnung in Form eines fantastischen Panoramablicks über Wiesen, Wälder und Täler vom VIP-Platz auf der Sitzbank.

TIPP Die begehbare Landmarke entdecken und einen wundervollen Rundumblick genießen.

🔵 Kissinger Höhe, 59077 Hamm
🔵 ÖPNV: Bus 3, Haltestelle Zeche Heinrich-Robert, ca. 15 Minuten Fußweg

Eine Zeitreise durch die Natur

3 *Der Gehölzgarten Ripshorst in Oberhausen*

Oberhausen gilt ja mit seinem CentrO mittlerweile als El Dorado im Ruhrgebiet für ausgiebige Shopping-Touren. Nun, das ist nicht jedermanns Sache und, seien wir ehrlich, auch nicht wirklich erholsam. Aber man findet auch die grüne Kehrseite der Medaille in Oberhausen, nämlich den Gehölzgarten Ripshorst. Vielleicht der Allgemeinheit nicht ganz so bekannt, dennoch oder gerade darum eine ausgezeichnete Wahl als Glücksort im Grünen. Naturfreunde und Zeitreisende kommen hier voll auf ihre Kosten. Der Gehölzgarten rund um das Informationszentrum Haus Ripshorst erstreckt sich über ein 40 Hektar großes Gelände. Auf einer regelrechten Entdeckertour durch die Baumwelt wollen vom Urwald über den Mischwald bis hin zum Kulturwald, jeweils mit für sie typischen Baumarten aus den verschiedensten Epochen des Ruhrgebiets, erkundet werden. Naturgeschichte zum Anfassen.

Dabei demonstriert der Garten in separaten Abschnitten die Entwicklung der Wälder, die schon vor vielen Millionen Jahren begann. Diese Bäume hat auch im Ruhrgebiet niemand im eigenen Garten. Wer könnte das

TIPP *Am Haus Ripshorst stehen Revierräder zum Ausleihen bereit.*

etwa von einem Mammutbaum behaupten, einem der höchsten, ältesten und inzwischen seltensten Bäume der Welt, Relikt aus grauer Vorzeit? Der Mammutbaum gehört zu den sogenannten Feuerschluckern, denn er ist im Gegensatz zu allen anderen Baumarten feuerfest. Bei Waldbrand zum Beispiel erhält der hölzerne Riese Schutz von seiner Rinde, die bei Hitze Flüssigkeit absondert. Neben eher geläufigen Vertretern des Mischwaldes wie Kastanie, Buche und Linde sind auch Exoten wie die aus Ostasien stammenden Gingkobäume zu bestaunen. Die Bestimmungstafeln im Park erleichtern das Erkennen von Bäumen anhand ihrer Blätter und Blüten. Im Frühling bereichert überdies eine wahre Blütenpracht den Gehölzgarten. Diese außergewöhnliche Landschaft zieht auch viele Besucher auf eine Erholungspause an, die der Emscher Park Radweg hier vorbeiführt. Platz ist genug da, Bänke auch. Einfach mal im grünen Garten abschalten, verweilen und „durchblättern".

○ Gehölzgarten Ripshorst, 46117 Oberhausen
○ ÖPNV: Bus 957, Haltestelle Haus Ripshorst

Eintritt frei

4 Kurzurlaub im Seepark in Lünen

Ein Plätzchen im grünen Lünen gefällig? An einem See ein bisschen maritimes Urlaubsflair schnuppern? Da bietet sich der Seepark, auch als „LaGaLü" (Landesgartenschau Lünen) bekannt, hervorragend an. Große Wiesenflächen, bestückt und gesäumt von verschiedensten Pflanzenarten, Baumalleen sowie Streuobstwiesen und ein natürliches Amphitheater bilden das Eingangsportal zum grünen Glücksort. Die großzügige Gestaltung des Parks und die übersichtlichen Wegweiser erlauben Besuchern eine schnelle Orientierung und eine gute Übersicht. Die grüne Oase fordert mit vielen Sitzgelegenheiten und extra angelegten Ruhezonen förmlich zur Pause vom Alltag auf. Wer dieses schöne Stück Natur betritt, spürt regelrecht, wie die innere Uhr langsamer tickt. Sofort werden die hektischen Gedankenströme des Alltags in ruhigere Bahnen gelenkt. Natur- und Freizeitfreunde blühen hier gleichermaßen auf.

Die zahlreichen Attraktionen sind auf gut ausgebautem Wegenetz mit dem Fahrrad oder zu Fuß bestens zu erreichen. Wer etwa gern hoch hinaus und sich einen Überblick verschaffen möchte, der steuert den Aussichtspunkt die „Bastion" an oder begibt sich auf die höchste Erhebung im Park, die Preußenhalde. Sie ermöglicht einen Panoramablick weit ins grüne Umland.

Den Höhe- und Mittelpunkt in diesem abwechslungsreichen Landschaftspark bildet der Horstmarer See mit seinen großen Liegewiesen und sauberen Sandstränden. Die beeindruckende Seekulisse ist in der Sommerzeit ein beliebtes Ausflugsziel für Schwimmbegeisterte. Der See gilt als einer der schönsten Badeseen im Ruhrgebiet, und das zu Recht. Ein Teil der etwa zehn Hektar großen Wasserfläche ist zum Baden freigegeben. Im Strandbad am Nordufer gehen die Liegewiesen direkt in den Seepark Lünen über. Im südlichen, naturgeschützten Teil des Sees liegen Inseln, begehrtes Ziel einer bunten Vogelwelt. Der Ruhrpottler nutzt gerne mal die Möglichkeit, an diesem Wohlfühlort Kurzurlaub von einem stressigen Arbeitstag zu machen. Und was für ein Glück, der Eintritt ist sogar frei.

- Seepark Lünen, Preußenstraße, 44532 Lünen
- ÖPNV: Ab Bf Preußen ca. 15 Minuten Fußweg

14

Sonntagsausflug

5 *Der Nordsternpark in Gelsenkirchen*

Für eine Tour ins Grüne steht der Sonntag bei vielen Ausflüglern immer hoch im Kurs. Die Menschen im Ruhrgebiet zieht es dann in Naherholungsgebiete wie zum Beispiel in den Nordsternpark in Gelsenkirchen. Im Rahmen der Bundesgartenschau wurde das ehemalige Zechengelände zu einem beliebten Treffpunkt im Grünen umgestaltet. Wer mag, kann das große Parkareal sogar mit dem Linienschiff der „Weißen Flotte" via Rhein-Herne-Kanal erreichen – in den Sommermonaten verkehrt die Flotte linienmäßig zwischen dem Park und Oberhausen. Diese begehrte Anreisemethode ist schon seit langer Zeit Tradition; die Wasserstraßen rund um Rhein und Ruhr verbinden übrigens so manche sehenswerte Orte im Revier.

Ob zu Fuß, per Rad oder mit dem Wassertaxi erreicht, der Gelsenkirchener Nordsternpark hat sich zum zentralen Dreh- und Angelpunkt für Freizeit- und Naturfreunde entwickelt. Strukturierte Baumgruppen reihen sich wie Güterwaggons durch den Park. Gut verteilt liegen Aussichtspunkte und verschaffen Besuchern weite Blicke über eine blühende und farbenprächtige Landschaft – die Verzahnung von ehemaliger Industriearchitektur und gestalteter Grünanlage ist hier perfekt gelungen. Im Herzen des Parks liegt ein barock anmutender Garten, sodass sich manch Besucher (fast) in einem Schlosspark wähnt. Mitten im Garten Eden Gelsenkirchens steht der 83 Meter hohe Nordsternturm, gekrönt von der außergewöhnlichen, 18 Meter hohen und 23 Tonnen schweren Herkules-Statue des Künstlers Markus Lüpertz. Von oben darf sich ein jeder von der grünen Verwandlung des Ruhrgebiets überzeugen. Liegewiesen, ein Amphitheater, ein Wasser- und Abenteuerspielplatz, sogar ein Kletterfelsen, reichlich Ruhezonen für Klein und Groß, der erlebnispädagogische Ziegenmilchhof in idyllischer Lage – das alles macht den großen Nordsternpark in Gelsenkirchen zum idealen Sonntagsausflugsziel.

TIPP Direkt vom Amphitheater mit der weißen Flotte den Kanal entlangschippern.

▷ Nordsternpark, 45899 Gelsenkirchen
▷ ÖPNV: Bus 383 oder SB36, Haltestelle Nordsternpark

Mal blaumachen

6 · *Der Korridorpark an der Halde Großes Holz*

Die Halden im Ruhrgebiet haben sich mittlerweile zu äußerst beliebten Freizeit- und Erholungsgebieten gemausert. Die zweitgrößte Haldenlandschaft im Ruhrpott, die Halde Großes Holz, zählt natürlich dazu. Der Name Großes Holz leitet sich vom Buchenwald ab, der hier einmal wuchs. Die Halde stellt eine Besonderheit dar, denn hierbei handelt es sich um eine Bergehalde zum Teil noch in Schüttung und eine wachsende Naturlandschaft. Längst hat die Natur hier ihren grünen Teppich bis hinauf zum Gipfel ausgebreitet und lädt Naturfreunde ein, die prachtvolle und abwechslungsreiche Berglandschaft auf erholsame Art und Weise zu betreten. Wer gerne in den Ruhrpott-Mountains unterwegs ist stellt fest, dass der Weg das Ziel ist. Und Wege gibt es hier in verschiedenen Steigungsvarianten, sodass jeder den Schwierigkeitsgrad nach eigenem Gusto wählen kann – den Gipfel zu erreichen ist der grüne Ritterschlag für jeden Besucher. Tief durchatmen, Pause machen und sich mit einem fantastischen Revierblick belohnen. Hinweistafeln weisen auf markante Sehenswürdigkeiten hin und dienen zur Orientierung. Einen Ausläufer des Gipfels ziert die 33 Meter hohe Landmarke „Impuls", ein Lichtkunstwerk nach einer Idee der Künstlerbrüder Dirk und Maik Löbbert, das bis weit in die Ferne sichtbar ist. Ein großes, dicht bewachsenes Baumplateau und eine Naturarena geprägt von Wiesen, Gräsern, Feldern und Teichen bilden eine abwechslungsreiche, hügelige Landschaft. Was braucht es mehr zum Glück im Grünen?

Der Gipfel des Glücks aber ist blau, blau wie die blaue Blume der Sehnsucht und in der Wirkung entspannend wie die blaue Stunde: Wie ein blaues Schleifenband zieht sich der sogenannte Korridorpark bis hinauf zum Gipfel, blaue Töne herrschen vor. Neben einem Band aus blau blühenden Pflanzen wie Lavendel, Wiesensalbei, Sommerflieder und Ochsenzunge markieren über acht Meter hohe und nachts traumhaft schön bläulich schimmernde Leuchttürme symbolisch die Verbindung zur Stadt Bergkamen. Hier wollen wir gern mal blaumachen!

....

> ▶ Halde Großes Holz, Erich-Ollenhauer-Straße, 59192 Bergkamen
> ▶ ÖPNV: Bus R12, Haltestelle Erich-Ollenhauer-Straße

Grüne Oase

7   *Der Ententeich im Schlosspark Borbeck in Essen*

Unser Ziel ist ein Teich, und zwar ein hochherrschaftlicher. Der Ruhrpottler findet seine grünen Oasen sozusagen direkt umme Ecke, und sei es gleich ein ganzes Schloss mit anliegendem Park. Weite Rasenflächen bieten dem Schloss einen majestätischen Auftritt auf der 42 Hektar großen Parkanlage und der dichte Wald ist die entsprechende Kulisse. Wer hierherkommt, begibt sich in eine stressfreie Zone und kann fernab der städtischen Hektik ganz in Ruhe den Park rund um das barocke Wasserschloss genießen. Das nennt man fürstliche Erholung!

Ein idyllisch angelegter Ententeich erfreut pausenbedürftige Spaziergänger ebenso wie Jogger, die nach ihrem ausgiebigen Fitnessprogramm durch den Wald und über Wiesen einen schönen Platz zum Verschnaufen aufsuchen wollen. Langgezogene Wege führen vom Schloss hinein in ein großes Waldgebiet. Pflanzen und hohe Bäume geben fürs Auge sozusagen Ton in Ton eine überaus harmonische Naturkomposition ab. Auch ein plätschernder Bachlauf, der für eine Weile den Weg begleitet, bereichert die Sinne und melodisches Vogelgezwitscher stimmt fröhlich auf den grünen Glücksort ein. Genug spaziert, nun lockt der Ententeich und hier wähnt man sich gleich in einer ganz anderen Welt. Am Teich mit seinen sanft geschwungenen Ufern ist es durch die hohen Bäume, die ihn umgeben und die Welt außen vor halten, auch im Hochsommer angenehm kühl. Die Sonne flirrt durchs Grün, und wer Glück hat, kann, der Zeit für eine Weile entrückt, Entenmütter mit ihren entzückenden flauschigen Küken beobachten.

Das Wanderherz schlägt hier außerdem höher, denn wer mag, kann vom Stadtidyll mit Schloss mitten im Grünen zusätzlich noch die Borbecker Grüntäler auf weiterführenden Naturspaziergängen erobern. Wer es bequemer liebt, dem sei die Naturlinie 105 zu empfehlen. Keine Sightseeing Tour im klassischen Sinne, sondern vielmehr eine schöne Kombination aus Bahnfahrt und Fußmarsch durch abwechslungsreiche Naturräume. Bitte Türen schließen, die Fahrt geht gleich los.

◐ **Schlosspark Borbeck, Schlossstr. 101, 45355 Essen**
◐ **ÖPNV: Stadtbahn 103, Bus 140, Haltestelle Schloss Borbeck**

Die neuste Attraktion im Park

8 *Das Haldenzeichen im Lippepark*

Für Verwandlungen sind ja meistens Magier oder Feen zuständig. Abseits von Märchen, Mythen und Sagen sorgten die Ideen der Bürger von Hamm für Verwandlungen. Ein Strukturwandel zu mehr Grün wie der des ehemaligen Zechengeländes von Schacht Franz in Hamm unter Einbindung von Bürgerideen zeugt von kluger Vorgehensweise. Die Haldenlandschaft im Miniaturformat liegt direkt an der Lippe und dem Datteln-Hamm-Kanal und ist durchzogen von einem Wegenetz.

Unter dem Motto „Im Westen was Neues" wurden im Lippepark Hamm Naturerlebnis und Freizeitangebote clever kombiniert. Attraktive, aktive Freizeitgestaltung und ein grüner Bürgerpark für Erholungsuchende in einem stoßen auf viel Zuspruch. Locations wie der „Ort der interreligiösen Begegnung" mit fünf großen Stahltoren oder der „Ort der Bergbaugeschichte" genau am Standort des ehemaligen Schachtes basieren auf Ideen der Bürger aus Hamm. Das ist neu, ein Blickfang, wie es keinen zweiten gibt, der aus vielerlei Perspektiven immer wieder ins Auge springt: Ein auffälliges, oranges und etwa 7,50 Meter hohes Haldenzeichen erweist sich als spiralförmiges begehbares Kunstwerk. Es erlaubt den Besuchern, die Sehenswürdigkeiten der Umgebung auf dynamische Art und Weise kennenzulernen. Auf einem gegenüberliegenden Aussichtspunkt, dem zweiten Berg, wird ein malerisches Biotop von überdimensionierten, flachen glatten Steinen umsäumt – und im Hintergrund leuchtet wieder das orange Haldenzeichen auffällig, fügt sich jedoch harmonisch in sein Umfeld und zieht die Blicke auf sich. Hier wird Landschaft zum Kunstraum. Zahlreiche Sitzgelegenheiten sorgen für einen erholsamen Blick auf diese Naturbühne, wie von einem Riesen geschaffen. Glücklicherweise von einem Riesen mit Geschmack.

P.S.: Mountainbiker entdecken vom Landschaftsbalkon den extra für sie angelegten Fahrradparcours. Oder nutzen die in der Nähe liegende Brückenkonstruktion „Brückenschlag" zum Haldenhopping über Lippe und Datteln-Hamm-Kanal zur Halde Radbod.

▶ **Lippepark Hamm, 59077 Hamm**
▶ **ÖPNV: Bus 7, Haltestelle Mozartstraße, ca. 10 Minuten Fußweg**

Mit Südseecharme

9 *Wassersport an der Sechs-Seen-Platte in Duisburg*

Gesucht: eine fantastische Wasserlandschaft im Grünen mit abwechslungs-reichem Angebot. Gefunden: ein Naturparadies mit Südseecharme, nämlich die Sechs-Seen-Platte in Duisburg. Jeder einzelne See, ob Wambachsee, Masurensee, Böllertsee, Wolfssee, Wildförstersee oder Hambachsee, dieser prächtigen Seenlandschaft ist an sich schon ein Traumziel für Menschen mit Freizeit. Die Seen sind zum Teil miteinander verbunden und haben eine Tiefe von etwa 12 bis 24 Metern. Wer hierher kommt, kann sein Frei-zeitglück kaum fassen.

Hier ist der ideale Ort, um sich fernab jeglicher Hektik dem Wassersport beim Schwimmen, Segeln, Surfen oder Bootfahren zu widmen und zu entspannen. Beneidenswert, wer hier seinen (Kurz-)Urlaub verbringen darf! Nicht nur die Segler fühlen sich im mit seinen kleinen, dicht be-wachsenen Seen durchaus anspruchsvollen Revier wie in der Karibik. Überhaupt wird hier Bewegung auf dem Wasser großgeschrieben, sei es im Kanu, Ruder- oder Tretboot gemütlich mit Muskelkraft im Sonnen-schein auf glitzerndem Wasser dahinzuschippern, so nah oder weit man Lust hat oder mit etwas mehr Speed beim Windsurfen über die Wasserfläche zu rauschen. Modellbootfahren garantiert nicht nur Spaß, sondern hin und wieder auch Austausch unter Experten und staunende Zuschauer.

TIPP Ebenfalls Abkühlung bietet das Naturfreibad am Wolfssee, Strand inklusive.

Für Angler heißt es „Petri Heil" für Aal bis Zander in idyl-lischer Landschaft, wahlweise von einem hübschen Plätzchen an einem der Ufer oder aus kleinen Booten. Dieses Angelrevier hat sich zu Recht unter den Jüngern Petris einen guten Namen erworben. Wem das nicht reicht: Die ausgedehnten Wasser- und Grünflächen aller sechs Seen sind durch ein etwa 25 Kilometer langes Wegenetz verbunden. Uferwege, Passagen durch nahezu unberührte Waldwildnis mit ihrer Tier- und Pflanzenwelt – Erholung pur. Was für ein Glückstreffer.

○ Sechs-Seen-Platte, Kalkweg, 47279 Duisburg-Wedau
○ ÖPNV: Bus 934, 944, Haltestelle Wolfssee

Schatzinsel an der Ruhr

10 *Das Vogelschutzgebiet Heisinger Bogen in Essen*

Im Schutzgebiet Heisinger Bogen am Ufer des Baldeneysees in Essen hat sich ein beeindruckendes Vogelparadies entwickelt. Fröhliches Vogelgezwitscher und eine große Bestimmungstafel gleich zu Anfang des grünen Ortes der Erbauung für Federvieh und Mensch deuten schon darauf hin, dass Vogelfreunde hier eine ausgesprochen bunte Artenvielfalt erwartet. Der schöne Weg entlang der Ruhr führt direkt an diesem nicht unbedeutenden Naturschutzgebiet vorbei und nimmt Spaziergänger mit auf die Reise in eine fantastische Wasserwildnis. Große Kolonien von Graureihern, Haubentauchern und Kormoranen haben sich diesen Ort längst zu eigen gemacht; sie nutzen diesen geschützten Lebensraum, um ihren Nachwuchs aufzuziehen. Spektakulär: Schildkröten fühlen sich hier ebenfalls wohl und sonnen sich zur Freude der Vorbeispazierenden auf dicken Ästen. Immerhin existiert dieses Schutzgebiet seit 1930 und hat sich seitdem zu einem attraktiven Naherholungsgebiet entwickelt. Viele Tiere sind gar nicht scheu und lassen sich in der Wasserlandschaft gut von manchen Bereichen der ansonsten dicht bewachsenen Uferzone beobachten. Enten haben Wasserflächen mit Seerosen für sich entdeckt und Nilgänse paddeln gemütlich entlang der Uferzonen. Der Eisvogel, der bisweilen mit schwirrendem Flügelschlag in der Luft über dem klaren Wasser steht, hat hier längst seine Heimat gefunden. Mit etwas Glück und Geduld kann dieser flinke Jäger beim Fischfang gesichtet werden. Viele Zugvögel wissen diese grüne Lunge zu schätzen und machen vor der Fortsetzung ihrer langen Reise hier Rast – sehr zur Freude von fernglasbewaffneten Vogelexperten, die am Heisinger Bogen viele Informationen über das wilde Ruhrgebiet sammeln können. Eine lohnenswerte Tour an der Ruhr mit hohem Erholungswert, die mit einer Abkühlung im Baldeneysee an der nahe liegenden, lang ersehnten neu angelegten Naturbadestelle (im Seaside Beach) gut kombiniert werden kann. Die heutige Wasserqualität ermöglicht es den Menschen wieder, die Ruhr für ein vergnügliches und erfrischendes Bad zu nutzen.

○ Vogelschutzgebiet Heisinger Bogen, Obere Aue, 45259 Essen
○ Parkmöglichkeiten in Ufernähe
○ ÖPNV: S9, Haltestelle Essen-Kupferdreh, ca. 15 Minuten Fußweg

Wildes Ruhrgebiet

11 *„Die Wildnis" im Landschaftspark Duisburg-Nord*

LaPaDu … das klingt nach einem glücklichen Land fernab der Realität oder nach einem Zaubergarten, üppig-wild bewachsen mit dem Herrlichsten, das Mutter Natur zu bieten hat. Zwar mitten in der Realität gelegen, zumindest aber ein perfektes Ziel für eine Auszeit vom Alltag ist der Landschaftspark Duisburg-Nord oder auch kurz LaPaDu allemal – vor allem „die Wildnis", das sind alte, verwilderte Gartengrundstücke mitten im LaPaDu, die als wertvolles Biotop der Tierwelt einen optimalen Lebensraum bieten. Entstanden sind sie so: Einst waren hier liebevoll gepflegte Schrebergärten, die der Autobahnbau jedoch von den Wohnhäusern trennte. Die Gartenhäuser wurden abgerissen, die Gärten mit all ihrer Blumenpracht sich selbst überlassen. Sie verwilderten, allerdings in einer besonders attraktiven Form – ein ruhiges Fleckchen wie im Paradies inmitten des Landschaftsparks, wohin die Hektik gar nicht erst einen Weg findet. Was für ein Glück!

Das stillgelegte Eisen-Hüttenwerk drumherum ist ein Meilenstein des grünen Strukturwandels im Ruhrgebiet und lockt Scharen von Ausflüglern das gesamte Jahr über an. Die Vegetation hat sich der Industrieanlagen bemächtigt, hier ist viel Platz für wildes Gewächs und seltene Tierarten. Die Besucher erfreuen sich neben der „Wildnis" zum Beispiel an den blumenreichen Bunkergärten. Von Lavendelduft berauscht ziehen Schmetterlinge von Blüte zu Blüte und Naturfreunde machen auf Wanderwegen so manche botanische Entdeckung. Da war doch noch was … ja: Klettern unter der Regie des Alpenvereins, Tauchen im Gasometer oder ein Besuch des Open Air Sommerkinos sind nur einige Aktionen und Veranstaltungen, die im LaPaDu angeboten werden. Der ehemalige Hochofen 5 mit seiner Aussichtsplattform ist täglich rund um die Uhr geöffnet. Die Stahlkonstruktion rund um den Hochofen wird am Abend Teil einer fantastischen Lichtinstallation, ein begehrtes Motiv ist natürlich das Krokodil. Aber keine Angst, es handelt sich dabei lediglich um einen grün beleuchteten Verladekran.

TIPP Buchen Sie die Dampfzugfahrt „Wo der Pott noch kocht" unter www.tour-de-ruhr.de.

○ Landschaftspark Duisburg-Nord, Emscherstraße, 47137 Duisburg
○ ÖPNV: Stadtbahn 903, Bus 906, 910, Haltestelle Landschaftspark Nord

Farbenfroher Glücksort

⑫ *Der Berger See in Gelsenkirchen*

Ein glücklicher Ort für eine ergiebige Erholungsphase im Grünen ist der stadtnahe Berger See in Gelsenkirchen. Dieser 12 Hektar große See liegt direkt in der Nähe von Schloss Berge und ist ein beliebtes Naherholungsgebiet für viele Ruhrpottler. Ausgiebige Spaziergänge entlang des Ufers, eine Bootsfahrt auf dem Gewässer, ein Mittagsschläfchen auf den großen Liegewiesen sind Balsam für die Seele des achtsamen Liebhabers von viel Grün. Ganz entspannt ist der Berger See zu umrunden und die Besucher werden für ihre Mühe mit den schönsten Facetten der Natur belohnt. Das abwechslungsreiche Farbspiel der Landschaft ist ein stetiger Begleiter auf dem Weg durch das wassergeprägte Gelände.

Um 1930 wurde in der Berger Mulde im Gelsenkirchener Stadtteil Buer Quellwasser und das Wasser des Lohmühlenbachs zu einem kleinen See aufgestaut. Das schöne Fleckchen sollte den Bürgern als Naherholungsgebiet dienen. Ist der See auch nur wenige Meter tief, so ist er deshalb doch nicht weniger reizvoll. Hier lässt es sich gut einmal zurücklehnen und einfach nur das Auge geruhsam schweifen lassen, aber auch Tretboot fahren oder die Annehmlichkeiten des zünftigen Biergartens unter alten Bäumen genießen.

TIPP *Die Halde Rungenberg mit der Landmarke „Nachtzeichen" ist in knapp 30 Gehminuten zu erreichen.*

Neben einer großen Palette an Pflanzenarten und interessanten Baumstrukturen lockt eine Schar von gefiederten Freunden viele Beobachter an. Schwäne, Reiher, Kanadagänse und Kormorane, das ist nur ein Teil der dort lebenden Vogelarten. Sie sorgen für die eine oder andere hochinteressante Flugshow am und auf dem Wasser. Zum Glück gibt es genug Sitzgelegenheiten, um sich das Starten und Landen der Luftakrobaten in Ruhe aus der Nähe anzuschauen. Sofort aktiviert der geneigte Zuschauer dabei den Entschleunigungsmodus und genießt die kurzweilige Auszeit vom Alltag. Am besten verlängert man diesen Entspannungszustand bei Kaffee und Kuchen im angrenzenden Schlosspark Berge und genießt dabei den Blick auf das prachtvolle Schloss mit seiner blühenden Parklandschaft.

○ Berger See, Adenauerallee, 45984 Gelsenkirchen
○ ÖPNV: Stadtbahn 302, Haltestelle Berger See

Erholung im Stadtgarten

13 *Der Kurpark Bad Hamm*

Eine Kur im Ruhrgebiet: Wasserfontänen, jahrhundertealte Bäume, weite Wiesenflächen und penibel angelegte Teiche laden zu einem erholsamen Spaziergang im ehemaligen Badekurort Hamm ein. Der heutige, ausgesprochen schöne Stadtgarten der Stadt Hamm weist noch alle Insignien eines Kurparks auf. Was heute kaum mehr jemand weiß: Das Kurbad Hamm wurde bereits Ende des 19. Jahrhunderts gegründet, nachdem man bei Kohlebohrungen auf Solequellen gestoßen war, die es zu nutzen galt. Patienten mit Herz-Kreislauf-Erkrankungen, Rheuma, vor allem aber diejenigen mit Erkrankungen der Atemwege fanden in Bad Hamm Linderung und Erholung unter anderem in Thermalsolebädern. Die Solequellen versiegten im Laufe der Jahre, man darf annehmen, durch die vom Bergbau auch hier verursachten Bodensenkungen. Hamm verlor damit zwar seinen offiziellen Status als Kurort, die Anlagen waren dadurch aber nicht weniger reizvoll.

Ob zu einer kurzen „Kur" in der Mittagspause oder einer etwas ausgiebigeren am Wochenende, Besucher lieben die städtische Grünfläche, die so recht zur Ruhe kommen lässt. Die gepflegten Wege machen auch für diejenigen, die nicht so gut zu Fuß sind, kleine und größere Runden möglich. Im Park wurde eine große Anzahl offener und geschlossener Ruhezonen geschaffen, die wie gemacht für ausgiebige Pausen sind. Einfach mal durchatmen, entspannen und den Enten und Gänsen beim Paddeln auf den zusammenhängenden Kurteichen zusehen! Weiße Holzbrücken wirken malerisch und erlauben den Lustwandelnden, die kleine Wasserlandschaft aus verschiedenen Blickwinkeln zu genießen. Die alten Platanen, Buchen und Eichen im Park haben schon so einige Kurgäste in Bad Hamm begrüßen dürfen. Am Gradierwerk mit der gesundheitsfördernden Wirkung salzhaltiger Luft drehen Gäste nach alter Tradition ganz entspannt Runde um Runde. Sole auf 42 Metern Länge tut den Atemwegen gut – das ist gesunde Entschleunigung. Luftkur und Erholung stadtnah: auch ein kleiner Glücksmoment.

TIPP *Im nahe liegenden Maximilianpark gibt's noch mehr Sehenswürdigkeiten und Veranstaltungen.*

○ Kurpark Bad Hamm, Ostenallee, 59071 Hamm
○ ÖPNV: Bus 1, 3 Haltestelle Bad Hamm

Berg mit Ei

14 *Die Greveler Alm in Dortmund*

Wer das Ruhrgebiet nicht kennt, kann sich kaum vorstellen, wie rustikal es hier immer noch zugehen kann. Am nördlichen Rand von Dortmund liegt der kleine Stadtteil Lanstrop, eine ländliche Ruhrpottperle inmitten einer weitläufigen grünen Landschaft. Ganz in der Nähe befindet sich eine Erhöhung mit der imposanten Bezeichnung „Greveler Alm", die viele Ausflügler als Rückzugsort nutzen. Basis dieser Erhöhung ist die ehemalige Deponie Grevel, welche sich nicht nur zu einem schönen Naherholungsgebiet entwickelt hat, sondern auch dank moderner Technologie zur Stromgewinnung aus Deponiegasen für einige Tausend Haushalte Energie liefert.

Mit dieser Halde wurde aber auch ein neuer Lebensraum für viele Pflanzen und Tiere geschaffen. Keine Kühe, aber dafür wilde Rehe sind hier durchaus unterwegs. Natürlich profitieren menschliche Besucher gleichermaßen von dieser bergigen Landschaft, denn sie können schon während des Aufstiegs fantastische Ausblicke über Teile des Ruhrgebiets bis hin zum Münsterland genießen. Die Wege führen durch eine üppige Sträuchervielfalt, wie im Schlaraffenland laden zum Beispiel Brombeeren zum Pflücken und Naschen ein. Mit jedem Schritt in Richtung Haldengipfel wird die Landschaft offener, der Blick darf weit und entspannt schweifen.

So manch Spaziergänger, Wanderer und Fahrradfahrer wundert sich über ein überdimensionales Ei. Das ist kein Osterei, sondern ein über 55 Meter hoher Wasserturm, der aufgrund seiner Form das „Lanstroper Ei" genannt wird. Die Landmarke gilt inzwischen als das Wahrzeichen von Lanstrop. Und wenn man schon einmal da ist, dann lohnt sich ein Spaziergang zum angrenzenden Lanstroper See, der Teil eines vogelreichen Naturschutzgebiets ist. Zahlreichen Vogelarten dient der See als Durchzugsbiotop auf ihrer Reise in weit entfernte Regionen – glückliche Vögel auf der Greveler Alm. Nach deren Besuch fühlt sich allerdings auch manch menschlicher Besucher wieder wie beflügelt.

••

Greveler Alm, Hostedderstraße, 44329 Dortmund
ÖPNV: U42, Haltestelle Grevel

Zwischen Kunst und Natur

15 *Der Teutoburgia Kunstwald in Herne*

Wer an heißen Sommertagen ein schattiges Plätzchen in der Natur sucht, für den ist der Teutoburgia Kunstwald in Herne ein lohnenswertes Ziel. In diesem schönen Waldgebiet trifft, wie der Name schon vermuten lässt, Kunst auf Natur und lädt gleichermaßen begeisterte Kultur- und Naturfreunde zu einem erholsamen Meeting im Grünen ein. Dank einer Initiative des Klangkünstlers Christof Schläger wurde der Kunstwald mit Objekten zum Anfassen und Erleben angelegt.

Gleich im Eingangsbereich fällt eine große, vor allem mit Efeu grün bewachsene Stahlkonstruktion auf, die insbesondere im Frühling dem Riesen „Baumbart" aus der Trilogie „Der Herr der Ringe" ähnelt. Es handelt sich dabei um die dynamisch inszenierte und knapp zwölf Meter hohe Skulptur des „Fußgängers" von Monika Günther. Ein gelungener Empfang nicht nur für Filmfans, sondern natürlich für alle Besucher, die sich in der grünen Oase des Kunstwaldes kurzweilig erholen wollen. Neben dem grünen Riesen sind weitere Sehenswürdigkeiten am Wegesrand zu finden. Dem aufmerksamen Spaziergänger fallen größere Zitatensteine mit einzelnen Wörtern oder ganzen Schriftzügen auf, wie zum Beispiel „Die Zeit hat Geduld." – Aufschriften, die zum Nachdenken und darüber Meditieren anregen. Dazu bietet sich förmlich eine Pause auf einer der zahlreichen Sitzgelegenheiten an und gerät zu einem entspannten Glücksmoment im Grünen.

Der geschichtliche Aspekt kommt auch nicht zu kurz, denn das künstlerisch gestaltete Waldgebiet liegt auf einem ehemaligen Zechengelände mit Förderturm und Maschinenhalle. Die Industrierelikte sind, wie könnte es anders sein, in das künstlerische Gesamtkonzept eingebunden. Viel Platz für Kunst- und Musikprojekte bieten sich zudem. Obendrein grenzt der Wald noch an eine der schönsten Zechensiedlungen im Ruhrpott – die Teutoburgia Siedlung, eine Gartenstadt im Grünen.

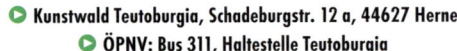

○ Kunstwald Teutoburgia, Schadeburgstr. 12 a, 44627 Herne
○ ÖPNV: Bus 311, Haltestelle Teutoburgia

In den Ruhrpott-Mountains

 Landschaftspark Hoheward in Herten

Mitten im Pott gibt es ein bergiges Gebiet, das aufgrund seiner markanten Landmarken schon von weitem sichtbar ist. Es handelt sich dabei um die größte Haldenlandschaft Europas, den Landschaftspark Hoheward, der Freizeit und Kultur kongenial miteinander verknüpft. Die Halden Hoheward und Hoppenbruch bilden das Zentrum dieses weitläufigen Naherholungsgebiets. Die Halde Hoheward ist mit ihren 152 Metern Höhe ein wahrer Riese unter den Halden des Reviers.

So hoch wie die „Berge" ist hier auch der Erholungs- und Freizeitwert, nicht nur für viele Ruhris. Eine ganz besondere Brücke etwa erlaubt es insbesondere Fahrradfahrern, schwungvoll von Recklinghausen zur Halde Hoheward nach Herten zu kommen: Die Drachenkopfbrücke ist eines von vielen Kunstwerken im Landschaftspark, welche die Besucher auf ihrer Entdeckungsreise durch die Industrienatur mitnehmen. Alternativ nähert man sich von Norden her kommend über eine gerade Treppe. Bis das großflächige Haldenplateau der Halde Hoheward erreicht ist, freuen sich Besucher so oder so an der abwechslungsreichen und bunten Vegetation. Am Wegesrand sind hautnah so manche seltenen Wildkräuter zu entdecken. Sitzbänke und die klug platzierten zehn Aussichtsbalkone auf einer sechs Kilometer langen Promenadenroute rund um den Berg sorgen für ausgiebige Pausenmöglichkeiten und einen fulminanten Blick in die „Bergwelt". Ob zu Fuß oder mit dem Rad, jeder bestimmt ganz allein das Tempo seiner Wanderung zum grünen Dach. Dort bringt ihnen eine spektakuläre Landmarke, das atemberaubende Hoheward Horizontobservatorium mit seinen 45 Meter hohen schlanken Stahlbögen, die Horizontastronomie der Antike näher. Eine Horizontalsonnenuhr mit einem Obelisken ist ein weiteres Highlight. Die begehbare Ewald-Empore, ein filigraner Stahlkubus, ermöglicht einen beglückenden, atemberaubenden Rundumblick über das recht grüne Ruhrgebiet.

TIPP Lernen Sie die Halde auf eine andere Art und Weise bei einer Segway-Tour kennen.

Landschaftspark Hoheward, Ewaldstraße , 45699 Herten
ÖPNV: Bus SB27, Haltestelle Bergwerk Ewald 1/2

Es zwitschert

 Das Vogelparadies in Recklinghausen

Am nördlichen Stadtrand von Recklinghausen liegt das schöne Mollbeck. Es handelt sich dabei um ein Naherholungsgebiet mit einem bunten Mix an Angeboten für Freizeit- und Erholungsuchende – zu jeder Jahreszeit. Viele Spaziergänger und Jogger genießen die grüne Umgebung und machen frohgemut „Strecke" längs des kleinen Bachs Mollbecke, in einem kühlen, bewaldeten Tal gelegen, und der Mollbeckteiche. Die Teiche dienten früher einmal ganz profan als Feuerlöschteiche für den Ort. Vogelfreunde, aufgepasst: Rund um die kleinen Teiche tummelt sich heute eine bunte Vogelschar und erfreut die Besucher beim erholsamen Spaziergang. Wer genau hinschaut, der entdeckt neben Stockenten in großer Zahl viele andere Vogelarten: Waldkauz und Kuckuck sind ebenfalls Gäste in diesem Naturparadies, ebenso Graureiher, Kormoran und Grünspecht, Bläß- und Teichhühner, Kanada- und Nilgänse. Viele der gefiederten Anwohner auf Zeit ziehen hier ihre Jungtiere groß. Die Vögel bedienen sich überdies gern am für sie reich gedeckten Tisch der Natur, so hält etwa der Graureiher von geschützten Uferzonen aus Ausschau nach kleinen Fischen. Im Sommer lassen sich in der Dämmerung hier Fledermäuse bei der Insektenjagd beobachten. Dabei bieten zahlreiche Sitze Gelegenheit, die interessante Vogelwelt in Ruhe zu beobachten. Die Vogelwelt wiederum findet „Hochsitze" für Gesang und als Ansitzwarte in den Alleebäumen entlang der Mollbecke.

Fast aus der Vogelperspektive schauen Klein und Groß im Winter vom Rodelberg auf die umliegenden Wald- und Wiesengebiete. Der Ruhrpottler erschafft ja seine Berge selbst, so auch den Rodelberg, der mit einer ordentlichen Höhe von 125 Meter jedes Schlittenfahrerherz höher schlagen lässt. Bei den ersten Schneeflocken geht es ab auf die Piste und mit Karacho den Abhang hinunter. Schwimmen wie die Wasservögel? Das ist im nahe liegenden Freizeitbad Mollbecke an heißen Sommertagen nicht nur für Recklinghausens Einwohner möglich.

⊙ **Recklinghausen Mollbeck, 45659 Recklinghausen**
⊙ **ÖPNV: Bus 220, Haltestelle Freibad Mollbeck**

Grünes Klassenzimmer

⑱ Der Naturlehrpfad in Oer-Erkenschwick

Liebe Leser, hätten Sie gewusst, dass eine Linde bis zu 1000 Jahre alt werden kann und der Baum des Jahres 2016 war? Nein? Das ist gar nicht tragisch, wenngleich doch die Fakten zugegebenermaßen hochinteressant sind. Solche Informationen und noch viel mehr Wissen über die Elemente der Natur sind dem Naturlehrpfad Alte Zechenbahn in Oer-Erkenschwick zu entnehmen. Naturfreunde werden überrascht sein, auf Rad- und Wanderwegen parallel zum Stadtbereich zu starten und sich schon sehr bald in einer wunderschönen Natur- und Bauernlandschaft wiederzufinden. Wo früher einmal eine, man ahnt es, Zechenbahn fuhr, wurden die Bahngleise gegen bequem begehbare Wege und Pfade durch die zurückgekehrte Natur ausgetauscht. Einige Fragmente aus der Industriezeit sind an den Wegesrändern noch zu entdecken und erinnern an die Kohletransporte mit der alten Bahn.

Längst aber schreibt die ehemalige Bahntrasse eine neue, grüne Geschichte und wird als Naturlehrpfad von Mitgliedern der Biostation Oer-Erkenschwick mit großem Engagement zum Nutzen aller gepflegt. So ist ein Klassenzimmer mitten im Grünen entstanden, in dem es natürlich immer etwas zu erzählen gibt. Direkt in der Nähe der Biostation auf dem Naturlehrpfad liegend ist die offene Naturschule ganz besonders bei Kindergärten und Schulen beliebt. Mit Gästen jeden Alters findet ein Austausch über Streuobstwiesen, Gehölzpflege, verschiedene Baumarten sowie Bienen und Imkerei statt. Die Naturexperten geben gerne ihren großen Wissensschatz und ihre Erfahrungen mit Natur und Umwelt an große und kleine Schüler weiter. Eine nähere Betrachtung des 3,50 Meter hohen Wildbienenhauses, nur einer der Bausteine des Landschaftslehrpfads, gehört natürlich dazu. Höchst artenreich ist die Begleitung von Fauna und Flora auf dem Weg zur Halde General Blumenthal 8, die ihrerseits zum Beispiel mit der Europa-Allee aus Baumarten der europäischen Union etwas Wissenswertes mit auf den Weg gibt. Willkommen im grünen Klassenzimmer.

••

ⓞ Naturlehrpfad Alte Zechenbahn, Bachstr., 45739 Oer-Erkenschwick
ⓞ ÖPNV: Bus 234, Haltestelle An der Feuerwehrwache

Parkgeschichten

19 *Der Schlosspark am Wasserschloss Strünkede*

Kaum zu glauben, aber es gab einmal eine Zeit im Ruhrgebiet vor Zechen und Fördertürmen, die heute Relikte aus rostigem Stahl sind und manchmal wild überwuchert. Davor war das Ruhrgebiet von Äckern geprägtes Bauernland mit großen Höfen, deren ein oder anderer Nachfahre heute noch Kartoffeln, Weizen, Mais, Spargeln und Erdbeeren, im Winter Weihnachtsbäume anbaut. Außerdem residierten adelige Herren in gewaltigen, prunkvollen Schlössern inmitten bezaubernder Gärten und idyllischer Parks. Zeugen dieser Epoche der Ruhrgebietsgeschichte gibt es heute in mehr Ruhrgebietsstädten, als man glaubt. Wer einmal forscht und die Augen aufhält, fühlt sich dort in eine andere Zeit versetzt.

So lohnt sich zum Beispiel ein Sonntagsausflug zum stadtnahen Schloss Strünkede in Herne, wehrhaft umgeben von Wassergräben. Ein Schlosspark wie aus dem Bilderbuch umgibt den prachtvollen Renaissancebau, wie gemacht für Zeitgenossen zum Lustwandeln wie die Fürsten. Einst nach französisch-barockem Vorbild gestaltet, wirkt der Park heute mit seinen riesigen alten Einzelbäumen, den gefälligen Baumgruppen und breiten Alleen eher naturnah. Über eine Brücke gelangt man vom Wasserschloss auf das Vorburggelände mit Hernes ältestem Bauwerk, der kleinen Schlosskapelle. Sie wurde bereits 1272 erwähnt und präsentiert sich heute in ihrer Form aus dem 14./15. Jahrhundert. Die Kapelle aus Backstein in gotischem Stil ist zu Recht ein beliebtes Fotomotiv. Von hier blicken Brautleute nicht nur ins Grün, sondern auch – hoffentlich – in eine glückliche Zukunft, denn hier finden Trauungen statt.

Natürlich steht auch einer Besichtigung des Schlosses und des Emschertal-Museums der Stadt Herne nichts im Wege. Richtig lebhaft ums Schloss wird es zum jährlichen Mittelalter-Spektakel, bei dem das Schloss für gut drei Tage von Rittern und Gefolge belagert wird. Was für eine beeindruckende Kulisse, und das mitten im Ruhrgebiet – und mitten im Grünen.

○ Wasserschloss Strünkede, Karl-Brandt-Weg 5, 44629 Herne
○ ÖPNV: Bus SB20, Haltestelle Schloss Strünkede

Baumspezialitäten

 20 *Der Bochumer Stadtpark*

Der beliebte Bochumer Stadtpark zählt zu den ältesten Landschaftsgärten im Ruhrgebiet und hat auf 31 Hektar Fläche einiges zu bieten. Die großen Wasserfontänen am der Innenstadt zugewandten Eingang machen zwar schon richtig was her. Auf den ersten Blick lässt sich allerdings gar nicht erahnen, welche Schätze der Natur die Besucher in der in klassischer Gartenarchitektur im englischen Stil gestalteten Stadtlandschaft erwarten können. Aber auf den zweiten Blick erschließt sich die beeindruckende Gartenarchitektur mit ihrer Fülle an Pflanzen, darunter einige außergewöhnliche Hingucker. Freunde der Botanik wissen die farbige Blütenpracht aus den verschiedensten Regionen der Welt zu schätzen, etwa die üppigen Areale mit Rhododendren aller Arten. Exotische Gehölze wie einen Eisenholzbaum, einen Taschentuchbaum aus China, einen Tulpenbaum aus den USA, einen Kuchenbaum aus Japan sowie viele weitere grünstämmige Gehölze lassen die Besucher im wahrsten Sinne des Wortes aufblühen. Hier ist viel Platz für Erholungsuchende, die gerne dem hektischen Alltag im bunten Facettenreichtum der Baum- und Pflanzenblüten entfleuchen wollen. Vorbei am Rosengarten über Terrassen oder über weitflächige Wiesen geht es zu den Teichanlagen. Im Sommer stehen hier bunte Boote zum Rudern unter Schatten spendenden Trauerweiden zur Verfügung und im alten Milchhäuschen am Ufer gibt es zur Erfrischung ein Eis. Bewaldete Hügel wechseln mit Felswänden ab, über die sich ein kleiner Wasserfall ergießt – langweilig wird es hier nicht. Kulturbegeisterte erfreuen sich nicht nur an einer Reihe interessanter Skulpturen, sondern steuern auch den höchsten Punkt im Park, den Bismarckturm, an. Dieser 33 Meter hohe Turm wurde 1909 erbaut und bietet einen wunderbaren Ausblick weit über die Stadttore Bochums hinaus. Erweitert wird das schöne Parkgelände um den Bochumer Tierpark ganz in der Nachbarschaft mit seinen über 300 Tierarten und dem zugehörigen Fossilium. Also: Ein perfektes Ziel für einen gelungenen Familienausflug.

TIPP Nur 10 Gehminuten entfernt lädt das Bergbau-Museum zur Erkundung unter und über Tage ein.

🔘 Bochumer Stadtpark, Bergstraße, 44787 Bochum
🔘 ÖPNV: Stadtbahn 308, 318, Haltestelle Planetarium, ca. 10 Minuten Fußweg

Prominente Grünfläche

21 *Das Spatzenhaus im Hügelpark in Essen*

Kennen Sie das größte Einfamilienhaus im Ruhrgebiet? Es ist der ehemalige Wohnsitz der Familie Krupp, die Villa Hügel in Essen. Dieses architektonische Schmuckstück und Teil einer bewegten Industriegeschichte ist eingebettet in ein wunderschönes Parkgelände. Alfred Krupp investierte für das selbst entworfene Haus letztlich 5,7 Millionen Mark mit dem Ziel, fernab von Kohle und Stahl, Enge und Lärm, seiner Familie und Gästen einen grünen Ort mit reichlich frischer Luft zu bieten.

Um den Park noch zu Lebzeiten vervollkommnet zu sehen, ließ Alfred Krupp sogar eine ausgewachsene Allee kaufen und aufwendig hierher verpflanzen. Die Krupp-Schmiede fertigte eigens Spezialwagen für den komplizierten Transport an. Einige dieser Bäume sind heute noch im Park zu bestaunen. Die weitläufige Parkanlage oberhalb der Ruhr und des nahe liegenden Baldeneysees hat mit der ursprünglichen Anlage allerdings nicht mehr viel zu tun, der Park wurde später nach dem Vorbild eines Englischen Landschaftsgartens umgestaltet. Die Villa und der Hügelpark mit seinen sanft geschwungenen, superb gepflegten Rasenflächen und Waldgebieten muten heute tatsächlich wie ein englischer Landsitz an. Vorbei an Rhododendren in allen erdenklichen Farben und dem sogenannten Spatzenhaus, welches zu Friedrich Alfred Krupps Zeiten als Spielhaus für seine Töchter Barbara und Bertha erbaut wurde, führen schöne Spazierwege durch die dicht gewachsene Baumlandschaft hinab zur Ruhr und zum See. Versuchen Sie doch einmal, das Spatzenhaus zu finden! Das gemütliche Miniatur-Fachwerkhaus – so ganz anders als die Villa – mit komplettem Hausstand liegt verwunschen im Gebüsch, ein Märchenbrunnen befindet sich nicht weit davon. Hier haben die kleinen Krupp-Töchter Gäste empfangen und bewirtet. Die ganze Parkanlage ist einer der schönsten Orte Essens, an dem sich schon Kaiser, Könige und Prominenz wohlfühlten. Jährlich Hunderttausende Menschen tun das heute auch, denn: Was für ein Glück, dieser schöne Ort ist für die Öffentlichkeit zugänglich gemacht worden.

TIPP Das Museum neben der Villa bringt die Geschichte des Ruhrgebiets und der Familie Krupp nahe.

 Hügelpark in Essen, Hügel 1, 45133 Essen-Bredeney
 ÖPNV: S6, Haltestelle Essen-Hügel

Einfach durchatmen

22 Der Schlosspark Herten

Einfach märchenhaft: Raus aus dem hektischen Alltag und hinein in den Schlosspark in Herten auf eine entspannte Atempause im Grünen. Hier finden nicht nur Feen und Prinzen so ziemlich alles, was ein echtes Schloss und seine Gefilde ausmacht. Der geneigte Besucher fühlt sich direkt in eine andere Zeit versetzt.

Der Park ist nicht nur einer der malerischsten des Ruhrgebiets, sondern auch ein Kuriosum: Hier wurde die barocke Ursprungsform mit den Attributen des Englischen Landschaftsgartens zu einer neuen Einheit verwoben – im 17. Jahrhundert barock angelegt, wurde das Areal zum Teil zu Beginn des 19. Jahrhunderts vom Gartenkünstler Maximilian Friedrich Weyhe im englischen Stil umgewandelt. Erhalten blieben die gerade Wegeführung und sternförmige Alleen. Sie enden in makellos runden kleinen Plätzen – wie gemacht als Ziel eines Spaziergangs! Da wäre zum Beispiel der Herkulesplatz, über eine beeindruckende Platanenallee mit dem Tabakhaus (im Schloss selbst durfte nicht geraucht werden) verbunden. Dieser Platz lädt durch seine großzügige Gestaltung und die vielen Sitzmöglichkeiten zu einer ausgiebigen Pause an, bis es in diverse Richtungen nach Belieben weitergeht. In der Nähe etwa liegt der herrliche Rosengarten als weitere Station des Innehaltens. Auf dem Weg ziehen Bäume aus 200 Arten aufgrund ihrer interessanten Form und Blütenpracht das Interesse der Besucher auf sich. Die angebrachten Bestimmungsschilder nehmen so manches Rätselraten ab. Auf dem Parterre zwischen Schloss und Orangerie bringt im Frühjahr eine weitläufige Narzissenwiese den Park mit einem Meer aus gelben Blüten zum Leuchten. Den Mittelpunkt des Parks bildet natürlich das imposante Wasserschloss mit breiten Gräften, dicken Rundtürmen und schmucken Treppengiebeln, umgeben von Kapelle, Wirtschaftsgebäude, Theaterplatz, Irrgarten und zwei Schlossteichen. Natürlich mit Schwänen! Wenn Sie nach glücklichem Verweilen noch Zeit und nach all den Eindrücken noch Lust haben, dann lohnt sich der Weg entlang der Kunstachse.

- Schlosspark Herten, Im Schlosspark, 45699 Herten
- ÖPNV: Bus 211, 212, 249, Haltestelle Schloss Herten

Andenflair im Ruhrgebiet

23 *Prachtlamas in Gelsenkirchen*

Glücklicherweise haben wir im Ruhrgebiet unsere grünen Berglandschaften. Und die haben sogar manchmal südamerikanisches Flair, und zwar dank der Prachtlamas. Dabei handelt es sich nun nicht um eine hiesige Lama-Rasse, sondern um die Lamas der Sportwissenschaftlerin Beate Pracht. Sie hat sich zur Aufgabe gemacht, mit Hilfe der Tiere bei Teilnehmern von Wanderungen soziale Kompetenz zu fördern, zu mehr Bewegung an der frischen Luft zu animieren, ja sogar Stress zu mindern und Chefs die Grundsätze von Teamführung zu vermitteln. Auf Ausflügen mit den sanften Prachtlamas, etwa auf die Halde Rungenberg in Gelsenkirchen, werden die Teilnehmer so richtig in Anden-Stimmung gebracht. Die Touren sind Erlebnisse der besonderen Art, bei denen Mensch, Tier und Natur im Einklang stehen. Djego, Kasimir, Dancer, Hannibal und der singende Caruso heißen die freundlichen Begleiter, die die Teilnehmer in einen entschleunigten Modus bringen. Auf dem Programm stehen harmonische Trips durch den Park oder in die Ruhrpott-Anden. Die Lamas an sich wirken schon beruhigend und der lockere, gemächliche Treck unter professioneller Leitung sorgt außerdem für allgemeines Wohlbefinden. Teilnehmer werden auf den Umgang mit den Tieren im Übrigen sehr gut vorbereitet: Da die Halden deutlich flacher sind als die Anden, ist auch kein Akklimatisieren an die Höhe notwendig, eine Aufwärmphase mit den Lamas gibt es aber schon. Vor der Wanderung werden die Tiere und ihre Eigenschaften vorgestellt und einiges an interessantem Wissen vermittelt. Startpunkt der Wanderungen ist auf dem Gelände des Gesundheitsparks Nienhausen in Gelsenkirchen, dann zieht die entspannte Wandergemeinschaft zuerst an Wald und Wiesen vorbei, später an Zeche Zollverein 4/11 mit ihrem ganzen Ruhrpott-Charme. Am Ende wird gemeinsam die Halde Rungenberg erklommen – Anden-Feeling in der Ruhrpott-Idylle schafft wahre Glücksmomente! Wer es anfangs lieber etwas flacher mag, der startet mit einer „Lamawanderung zum Glück" im Park.

Prachtlamas im Park, Feldmarkstr. 209, 45883 Gelsenkirchen
www.prachtlamas.de
ÖPNV: Stadtbahn 107, Haltestelle Revierpark Nienhausen

Pause am Turm

 24 *Walkway and Tower in Castrop-Rauxel*

Der Emscher-Weg hält in seinem Verlauf durch zahlreiche grüne Oasen viele Stationen bereit, die dazu angetan sind, die Neugier der Besucher zu wecken. Auch die Strecke zwischen Castrop-Rauxel und Oberhausen mit einer Länge von 34 Kilometern ist reich bestückt mit reizvollen Ausflugszielen für eine erholsame und abwechslungsreiche Auszeit.

Bei einer Station der Route, die im Übrigen alle sehr gut zu Fuß, aber noch besser mit dem Rad zu erreichen und zu erkunden sind, handelt es sich um einen unter dem Namen „Walkway and Tower" bekannten zwölf Meter hohen Turm in Castrop-Rauxel am Wasserkreuz von Emscher und Rhein-Herne-Kanal. Dieser Ausguck im Grünen wurde im Rahmen der Veranstaltung Emscherkunst2010 vom japanischen Künstler Tadashi Kawamata geschaffen und signalisiert Radwanderern schon von weitem, dass sich hier die Gelegenheit für eine Verschnaufpause der besonderen Art befindet. Ein Holzsteg führt auf die sanfte Anhöhe zum Turm, der ein wenig roh behauen und unfertig aussieht – Sinnbild für Werden und Vergehen im Revier.

Wer eine solche Pause auf seiner Tour einplant, wird mit einem weiten Blick über das Naturschutzgebiet belohnt. Zu Füßen des Turms lässt sich auf Wiesen unter Bäumen herrlich entspannen. Wildblumen und -kräuter in der Auenlandschaft scheinen zeigen zu wollen, wie vielseitig die Natur im Ruhrgebiet sein kann. Der Löwenzahn mit seinen goldenen Blüten um den Holzturm, denn um nichts anderes handelt es sich bei dem „Walkway and Tower", verwandelt die Graslandschaft im Frühling nach und nach in ein sonnenblumengelbes Feld. Für ihn erfolgt in den wärmeren Monaten dann die Ablösung durch rote Mohnblumen, die mit ihrer Farbenpracht die Landschaft bereichern. Der Klatschmohn leuchtet auf der grünen Wiese besonders intensiv und zieht mit seinen Pollen Bienen, Hummeln und Co. an. Eine „wilde" Augenweide! Der „Walkway and Tower" ist verständlicherweise ein gern besuchter Picknick-Platz.

··

❍ Walkway and Tower, Anfahrt über Industriestr. 41, 44577 Castrop-Rauxel
❍ ÖPNV: Bus 233, Haltestelle Wartburg, ca. 10 Minuten Fußweg
❍ Per Rad entlang der Inselroute

Bunte Waldlichtung

 25 *Das Jammertal in Datteln*

Vorweg: Es gibt hier absolut keinen Grund zu jammern. Ganz im Gegenteil ist es so, dass in dieser Umgebung jeder frohgemut wird. Die Jammertal-Route gehört zum Waldgebiet Haard und ist Teil des Naturparks Hohe Mark. Beste Voraussetzung also für einen grünen Glücksort! Hier lockt die Freiheit in waldreicher Natur und es ist noch nicht einmal notwendig, sich vorab auf eine Route festzulegen: Ein bestens ausgebautes Wegenetz erstreckt sich über das gesamte Waldgebiet und lässt jederzeit Abkürzungen zu. Jeder entscheidet nach Fitness und Lust vorab oder unterwegs, wie ausgedehnt der Spaziergang werden soll. Die Markierungen der Wanderwege an den Bäumen sind verlässliche Orientierungshilfen, auch wenn man einmal die zuvor eingeschlagene Route verlassen möchte. Auf den Wegen begegnen einem nicht nur Wanderer, sondern auch auffallend viele Nordic Walker, zu deren Standardprogramm das Jammertal längst zählt. Sie wissen die Bewegung in der Ruhe der Natur, vorbei am bunten Wegesrand und dicht bewachsenen Böschungen, wohl zu schätzen. Aber Platz ist hier für alle und die meiste Zeit bleibt man für sich.

TIPP *Nach einer längeren Strecke ein Verwöhnprogramm in der Wellnessoase Jammertal genießen!*

Das Landschaftsbild ist abwechslungsreich, nicht nur durch wilden Blumenwuchs. Ameisen haben im dichten Wald ihre Hügel unter Tannen errichtet. Manche Pfade führen direkt zu Waldlichtungen, die Vorbeikommende mit ihrer anmutigen Schönheit in Erstaunen versetzen und zum Niederlassen einladen. Da blüht es lila und weiß – doch Vorsicht, es handelt sich um Digitalis purpurea, besser unter dem Namen Fingerhut bekannt und hochgiftig. Es sollte bei der Augenweide bleiben. Einfach herrlich, in der Ferienregion Jammertal die Natur und die klare, frische Luft zu genießen. Kein Wunder, dass es hier bereits ein Wellnesshotel und einen Golfplatz gibt. Wer dann noch die Bewohner des Waldes etwas genauer beobachten will, der erklimmt leise den einen oder anderen Hochstand und nimmt Wildschwein, Reh oder Hase ins Visier. Natürlich nur fotografisch.

● **Jammertal, Redderstr. 421, 45711 Datteln-Ahsen**
● **Wanderparkplatz direkt am Hotel Jammertal**

Des Kaisers neue Blüten

26 *Der Kaisergarten am Schloss Oberhausen*

Die Natur stattet den Kaisergarten in Oberhausen alljährlich im Frühling mit einem neuen üppigen Blütenkleid aus. Wunderschöne Magnolienbäume in ihrer weißrötlichen Pracht, buntgefächerte Blumenbeete und künstlerisch angelegte „Fluss"landschaften in Form von Osterglocken zieren das kaiserliche Grün. Hier blühen nicht nur Bienen beim Landeanflug auf die farbenfrohen Kirschblüten auf, sondern auch die Gäste dieses zentral gelegenen Stadtidylls. Gartenparty für alle, direkt am schnurgeraden, mächtigen Rhein-Herne-Kanal!

Wie so oft im Ruhrgebiet ist es die Kombination, die einen Ort so anziehend macht. Da wäre die Natur in Form einer weitläufigen Rasenarena als großer Ruhezone. Wasser in vielfältiger Form dominiert die Landschaft am Kaisergarten. Neben dem Kanal, auf dem übrigens hin und wieder auch Schiffsparaden stattfinden, ist da aber auch der blaugrün schimmernde See, dessen Wasserfontäne fast die Baumkronen erreicht, sie setzt dem Ganzen wahrlich die Krone auf – völlig entspannt beobachtet von den Besuchern auf extragroßen Sitzgelegenheiten. An seinen

TIPP Beim „Tatort Schloss Kaisergarten" lösen Sie im Rahmen eines Krimidinners spannende Fälle.

Uferzonen können kleine Gäste, immer schön an der Hand bleiben, allerlei Federgetier füttern. Da ist man schnell in Urlaubsstimmung! Ein Rundweg führt vorbei an Trendsportanlage, Kinderspielplatz und natürlich zu einem Highlight, dem von einem Emscherarm durchflossenen Tiergehege im Kaisergarten. Eintritt frei zu Begegnungen mit heimischen Wildtieren, Luchs, Wolf, Steinbock, Ziegen, Eseln, Schafen und Hängebauchschweinen.

Ein Stück Kunst, Technik und Architektur ist die Slinky Springs to Fame. Dieses außergewöhnliche und farbenfrohe Konstrukt von Tobias Rehberger, eine schwingende Spirale, geht auf die Initiative Emscherkunst 2010 zurück. Organisch fügt sich die filigrane, hochästhetische Brücke in die Natur. Sonnenuntergang über dem Rhein-Herne-Kanal an der beleuchteten Slinky-Spirale, das ist der perfekte Ausklang für einen schönen Ausflug.

▶ Kaisergarten, Konrad-Adenauer-Allee 46, 46049 Oberhausen
▶ ÖPNV: Bus 956, 966, Haltestelle Schloss Oberhausen

Im Herzen der Natur

27 *Der Hochseilgarten im Wischlinger Wald*

Ein wahrer Klassiker für familiäre Ausflugsziele sind die Revierparks im Ruhrgebiet, die seit 1970 Besucher aus nah und fern in Scharen anziehen. Vielleicht ist der eine oder andere stellenweise etwas in die Jahre gekommen, suchen wir nicht manchmal den liebenswerten Charme der Parkanlagen unserer Kindertage? Der Revierpark Wischlingen, ein Naturidyll mit Wald, See sowie großen Wiesenflächen, bietet eine gute Gelegenheit, einerseits beim Schlendern und Verweilen in Erinnerungen zu schwelgen und andererseits Neues im Park zu entdecken.

Wie schön, in solchen Schmuckstücken des Reviers vertraute Sehenswürdigkeiten wiederzufinden! Zum Beispiel die Eislaufbahn, wo mit Popmusik Besuchern der notwendige Schwung verliehen und jede Menge Spaß bereitet wird. Oder vielleicht doch besser zur Strandbar, in Ruhe das Gezwitscher der Vögel genießen, die den Einzug des Frühlings begrüßen … oder aktiv werden und FreeDisc-Golf ausprobieren!

Giraffenhals und Vogeltreppe, über sich nur der Himmel und ein dichtes Blätterdach – naaa, wer traut sich? Das ist der Clou, obwohl es manchen ja Überwindung kostet, hohe Bäume hochzukraxeln und sich wie Tarzan von Ast zu Ast zu schwingen. Keine Bange: Im Hochseilgarten im Wischlinger Wald auf fast 30.000 m² gibt's je nach Alter und Größe unterschiedliche Schwierigkeitsgrade an Seilen, Plattformen, Rutschen & Co., sogar einen Einweisungsparcours, in dem die ersten Schritte beigebracht werden. Erst überwindet man die Angst, dann ist es spannend, dann macht es Spaß! Also, wer wagt, gewinnt und ab auf die 230-Meter-Seilrutsche über den See.

TIPP *Bis hinauf in die Baumspitzen geht es beim Klettern im Park – Ausschau halten nach www.tree2tree.de.*

Der Revierpark Wischlingen ist ein Meilenstein der Route Industrienatur und steht in Verbindung zum wundervollen Naturschutzgebiet Hallerey. Dieses punktet mit einem rund 33 Hektar großen Bergsenkungssee als Rückzugsort für wild lebende Tiere, darunter etwa 240 Vogelarten wie Eisvögel, Kormorane und Lachmöwen. Einmal Action, einmal pure Natur erleben, bitte. Kein Problem, im Ruhrgebiet ist das möglich.

Revierpark Wischlingen, Höfkerstraße, 44149 Dortmund
ÖPNV: S2, Haltestelle Dortmund-Wischlingen

Eine schöne Landpartie

28 *Wandern rund um den Auberg in Mülheim*

Das Naturschutzgebiet rund um den Auberg in Mülheim ist ein weiteres Wanderparadies im Ruhrgebiet und lädt zu einer echten Landpartie ein. Durch prachtvolle Wald- und Wiesenlandschaften werden Naturfreunde auf komfortablen Wegen hinauf auf die Hochfläche des Aubergs geführt. Ein wenig steil wird es nur am Ruhrtalhang, der allerdings zum Ausgleich mit einem fantastischen Panoramablick ins Ruhrtal und mit Fernsicht auf die Ruhrtalbrücke beeindruckt. Auch am Auberg führen, ganz so wie nach Rom, viele Wege auf den Gipfel, ob über Wald-, Feld- oder ausgewiesene Radwege mit Anbindung an den RuhrtalRadweg. Das weitläufige Bergplateau beeindruckt eher mit seiner abwechslungsreich gestalteten Fläche als durch die Erhebung an sich und ist in jedem Fall ohne große Anstrengung erreichbar. Wanderer, Reiter, Jogger und Radfahrer können sich über eine vielseitige Landschaft mit zusammenhängenden Grünflächen, Obstwiesen, Bachläufen und gelb leuchtenden Rapsfeldern freuen. Eine Landschaft wie gemacht, um einmal einen Gang zurückzuschalten und gemütlich ohne Blick zur Uhr, ohne Zeitdruck stundenlang ungestört durch eine echte Erholungslandschaft zu wandern.

Der anscheinend unerschöpfliche Blütenreichtum der zahlreichen Wiesenblumen, aber auch Goldhafer, Rotklee, wilde Orchideen, die Wiesenmargerite und weitere Arten verleihen dem Landschaftsbild sein charakteristisches Gepräge. Seltene Vogel- und Insektenarten haben in der schützenswerten Fauna und Flora eine Heimstatt gefunden und lassen sich ebenfalls beobachten. Wer keine langen Wanderstrecken bewältigen möchte, pausiert einfach nur inmitten der Natur auf einer Bank oder Picknickdecke und genießt für eine Weile den frühlingsfrischen Duft der wilden Blüten. Was für eine tolle Gegend ganz in der Nähe eines Ballungsraums! Ein spontaner Ausflug hierher, wo Freizeit zu verbringen so erholsam sein kann, bietet sich. Den Ohrwurm „Das Wandern ist des Müllers Lust" wird man danach für eine Weile nicht mehr los.

- -

> Auberg, Remscheiderstraße, 45481 Mülheim an der Ruhr
> Durchfahren bis zum Wanderparkplatz
> ÖPNV: Bus 133, 752, 753, Haltestelle Lehnerfeld

Ins grüne Ziel

 29 *Alte Pferderennbahn in Castrop-Rauxel*

Einst waren die Castroper Renntage auf der ehemaligen Naturhindernisrennbahn ein beliebtes Ereignis und zogen viele Menschen nicht nur aus dem Ruhrgebiet an, die sich für das Treiben rund um den Pferderennsport interessierten. Schon im 19. Jahrhundert hatten hier Hindernisrennen stattgefunden und schließlich wurde nach englischem Vorbild eine „richtige" Naturhindernisbahn gebaut. Viele spannende Pferderennen faszinierten das Publikum fortan, insbesondere dann, wenn die Galopper im hügeligen Parcours über Stock und Stein sprangen und sich wie im Flug in Richtung Ziel bewegten. Hohe Wetteinsätze und die Hoffnung auf ebensolche Gewinne veranlassten die Pferdefreunde am Seitenrand, die Jockeys mit Rufen anzufeuern. Ein interessantes Kapitel der Castroper Geschichte, welches nach knapp 100 Jahren schloss.
Gleichzeitig war dies 1971 der Startschuss für die Umgestaltung des Geländes zu einem Naherholungsgebiet. Statt der Beschleunigung der Galopper war nun die Entschleunigung für Erholungsuchende das Ziel. Die ehemalige Pferderennbahn ist für Menschen der Umgebung zu einem Ruhepol in der Natur geworden, dabei blieb in der Gestaltung die Anmutung einer Pferderennbahn ein wenig erhalten, denn Reste der Tribüne, Markierungen und weiße Poller im Gelände gibt es immer noch in der Landschaft zu entdecken.
Blumenfreunde können sich darüber hinaus über ein größeres Biotop, das im Mai vom Blütenmeer zahlreicher gelber Seerosen geschmückt wird, erfreuen. Fast entsteht der Eindruck, als würden gleich wieder Pferde mit ihren Jockeys ins markierte Ziel laufen ... Dem zentral gelegenen Grüngelände in der Nähe der Castroper Altstadt haftet durch Baumbestand und Wiesen heute aber vor allem Parkcharakter an. Anstatt die Wege zu benutzen, darf man hier auch getrost einmal querfeldein laufen und sich auf die Spuren der Galopper begeben. Kein Hindernisrennen, sondern Ausgleich zur Alltagshektik aller Art. Jede Wette.

· ·

○ **Alte Pferderennbahn, Dortmunder Straße, 44575 Castrop-Rauxel**
www.castroper-rennen.de
○ **ÖPNV: Bus 480, 482, Haltestelle Goldschmiedling**

Der erste Revierpark

 30 *Die Mini-Kirmes im Gysenbergpark in Herne*

Erster Revierpark im Ruhrgebiet? Ja, das stimmt genau. Denn der Gysenbergpark in Herne wurde im Jahre 1970 als erster Revierpark im Ruhrgebiet eröffnet. Die wollen nur spielen: Für Familien ist der Gysenbergpark bestens geeignet, denn Highlight war, ist und bleibt die kleine „Kirmes", der Familienpark. Da ist selbst für die jüngsten Besucher gesorgt. Minigolf, Karussells, Trampolin, Wasserspiele, Bagger und Kran, Wildwasserrondell und Mini-Riesenrad – klingt wie im Kinderland und ist es auch. Die Gokarts gibt es sogar für größere Kleine und kleine Kleine, das Angebot kann wechseln, aber alle wollen wiederkommen. Nach Spiel und Spaß lohnt sich übrigens ein Abstecher in den „Mini-Streichelzoo". Allen anderen zeigt die Infotafel am Parkeingang, was wo auf dem 31 Hektar großen Park liegt. Die große Wiesenfläche wird insbesondere mit Leidenschaft von vielen Discgolfspielern genutzt, um gemeinsam einen sportlichen Tag im Grünen zu verbringen. Ein gut ausgebautes Wegenetz vorbei an allen interessanten Stationen des Parks ist perfekt für Jogger, Wanderer und Fahrradfahrer. In und neben der prachtvollen Hügellandschaft des grünen Areals findet man neben der Eislaufhalle und den Beachvolleyballfeldern einen Spielplatz. Und wer die Hügel gemeistert hat, kommt nach gut fünf Minuten Fußweg zur nostalgischen Bimmelbahn „Jolante". Diese lädt Groß und Klein zu einer kleinen Rundfahrt entlang der Parkaußengrenze ein, um sich an der vielseitigen Landschaft zu erfreuen.

Auf Waldwegen lernen wir Bäume mit Hilfe der Bestimmungstafeln kennen. Baumarten im Gysenbergpark wie zum Beispiel die Stieleiche, die Traubeneiche, auch Wintereiche genannt, kommen bevorzugt in Hügel- und niedrigen Berglagen vor, also auch hier. Klassiker wie der heimische Spitz- und Feldahorn fühlen sich ebenfalls pudelwohl. Wir auch: Nach einem gemütlichen Spaziergang, Sport und Spiel im Gysenbergpark lohnt sich noch ein Wellnessbad im Lago, der schönen Therme.

●●

▶ **Revierpark Gysenberg, Am Revierpark 40, 44627 Herne**
▶ **ÖPNV: Bus 321, 333, Haltestelle Tierpark Gysenberg**

Tierisch glücklich

31 *Der Tierpark im Stadtgarten Recklinghausen*

Leseratten, Ballspieler, Kleine und Große, Picknickfreunde oder auch einfach nur Träumer finden auf den weiten Liegewiesen unter Buchen oder Eichen ein idyllisches Fleckchen im Stadtgarten in Recklinghausen. Einfach wieder mal den Picknickkorb mit leckeren Sachen bestücken und hinaus in die Ruhrnatur, den besten Platz für die Decke ergattern und das gute Leben genießen in dieser grünen Oase für die ganze Familie, und das auch noch mitten in der Stadt! Natur, Tier oder Kultur – hier ist für jeden etwas dabei. Eine Blutbuche mit einem satten Umfang von 3,35 Metern und der Startnummer eins bildet den Anfang des Baumpfades im Park. Weitere außergewöhnliche Bäume sind Teil eines 64 Kilometer langen Baumpfads durch Recklinghausen mit 77 Stationen.

Mittelpunkt des Stadtgartens und Ziel aller Kinderwünsche ist der Tierpark mit über 600 Tieren und 20 Gehegen. Sehr willensstark und zielstrebig werden Eltern zur bunten Vielfalt der Tierarten geführt: Rhesusaffen, Hängebauchschweine, Frettchen, Schafe, Ziegen sowie ein mit Sittichen, Papageien und Beos bunt bestücktes Vogelhaus, welches das Tierparkgelände musikalisch bereichert, begeistern die kleinen – und großen – Besucher.

TIPP *Für Sternegucker hat das Planetarium direkt im Park den Himmel auf die Erde geholt.*

Kinderherzen schlagen höher, wenn Karnickel, Pfauen und Hühner frei über den Weg laufen. In der Vogelhalle kommt man den gefiederten Freunden nah, denn auch sie fliegen hier frei. Und erst der Streichelzoo! Wer freut sich mehr: Ziege, Schaf und Esel oder die kleinen Besucher? Still hält auf jeden Fall die (künstliche) Melkziege, an der Melken geübt werden darf. Obendrein wird vielen Insektenarten ein Unterschlupf im Insektenhotel des Parks gewährt. Über plakative Informationstafeln kann so einiges über die Tiere und ihren Lebensraum auf ebenso unterhaltsame wie leicht verständliche Art und Weise erlernt werden.

Im Mai herrscht übrigens bei den Ruhrfestspielen, unter anderem mit hochkarätig besetzten Theatervorstellungen, Ausnahmezustand im Park.

⊙ Stadtgarten Recklinghausen, Otto-Burmeister-Allee 1, 45657 Recklinghausen
⊙ ÖPNV: Bus 223, Haltestelle Festspielhaus

Die Lila-Gute-Laune-Armee

32 *Die Krokusse im Rombergpark in Dortmund*

Wenn weite Teile der Wiesen sich langsam lila färben und dabei ein wunderschöner Farbfluss aus Zigtausend Krokussen entsteht, dann ist der Frühling im Rombergpark in Dortmund eingezogen. Die Lila-Gute-Laune-Armee aus 900.000 Krokuszwiebeln stellt symbolisch die renaturierte Emscher dar. Über das beeindruckende Farbspektakel dieser Schwertliliengewächse können sich die zahlreichen Besucher ebenso freuen wie über die andere fantastische Blüten- und Baumvielfalt auf dem 65 Hektar großen Gelände. Im 19. Jahrhundert wurde im Süden Dortmunds auf den Besitzungen des Adelsgeschlechts derer von Romberg ein englischer Landschaftsgarten angelegt und 1927 um einen botanischen Garten ergänzt. Der Park ging schließlich in den Besitz der Stadt Dortmund über. Nach dem Zweiten Weltkrieg entstand hier die größte Sammlung an Ziergehölzen Europas. Manch Botanik-Experte begeistert sich an der wunderschönen Umgebung und es würde gar nicht wundern, wenn der eine oder andere Besucher sich hier zu Naturdichtung inspiriert fühlte …

Naturfreunde tauchen auch im großen Waldgarten in ein buntes Meer aus unzähligen Blüten ein. Ihre Namen findet der Naturbegeisterte auf Bestimmungstafeln – sehr hilfreich bei einem Bestand von etwa 4500 Gehölzarten. Dazu zählt unter anderem der Trompetenbaum, der, aus den USA importiert, mit seinen dekorativen Blüten im Sommer die Bienen und Hummeln anlockt. Auch die prächtige Lindenallee verdient es, als besonderes Highlight erwähnt zu werden. Der weitläufige Park verfügt über Gewächshäuser und thematisch bestückte Schaugärten, ebenfalls farbenprächtig blühend. Über ein gut ausgebautes Wegenetz nähern sich Besucher der Natur und entdecken links und rechts des Wegesrandes immer wieder etwas Neues. Eine große Wiese zieht sich mitten im Park durch ein Tal und führt zu einem großen Teich, in dem sich Enten und Gänse tummeln. Entlang dieser Naturtrasse auf den Sitzgelegenheiten Platz nehmen und sich einfach mal entspannt Tagträumen hingeben!

TIPP · Wer genug Zeit einplant, dem sei ein Besuch im angrenzenden Zoo mit seinen 1500 Tieren empfohlen.

Rombergpark, Am Rombergpark, 44225 Dortmund
ÖPNV: U49, Haltestelle Rombergpark

Bachidyll

Liebe Leser, sind Sie auch als Kind mit oder ohne Gummistiefeln unbeschwert durch einen Bachlauf entgegen der leichten Wasserströmung geschritten und haben mit Kescher und Gurkenglas entlang der Uferzonen nach Fröschen, Molchen oder Kaulquappen Ausschau gehalten? Wer sich gerne daran zurückerinnert und Lust auf Natur und Wasser hat, ist am Rotbach genau an der richtigen Adresse. Die schönen Momente der Kindheit tauchen rasch wieder vor dem geistigen Auge dessen auf, der ein Stück des Weges direkt am spiegelnden Wasserlauf des Rotbachs entlangläuft. Das wundervolle Bachidyll mit den grün bewachsenen Uferböschungen zieht sofort in seinen Bann und verlockt zum Beobachten und Entdecken der Uferzonenbewohner. Vögel, Schmetterlinge und Libellen beleben die vielfältige Bachlandschaft und fühlen sich hier völlig in ihrem Element.

Wer gut zu Fuß ist und mal so richtig Auslauf braucht, der kann einige Kilometer auf Baumalleen aus Birken und Pappeln vorbei an großzügigen Pferdekoppeln zurücklegen: Der Rotbach-Weg parallel zum Bach ermöglicht Wanderern, Spaziergängern und Radfahrern mit seinen insgesamt knapp 20 Kilometern Länge ausgiebige Touren durchs Grüne. Es gibt natürlich auch eine kurzweilige Alternative: Entlang des sich auf natürliche Art und Weise schlängelnden Flusses geht es auf kurzem Weg in Richtung Rotbach-See, der nur etwa drei Kilometer vom Parkplatz entfernt liegt. Gleichwohl ist der gemütliche Spaziergang lang genug, in der Natur nach Feierabend neue Energie zu tanken. Die Bachschleifen versetzen nicht nur den Wasserfreund in Freizeitstimmung; insbesondere in den Sommermonaten erweist es sich als erfrischend und belebend, nah am Wasser auf den Rotbach-See zuzulaufen. Der Bachlauf mündet schließlich in den idyllisch gelegenen See. Dessen flache Uferzonen erlauben weite Blicke über die Wasserfläche mit Seebewohnern wie Fischreihern, Enten oder auch Kanadagänsen. Ein weiteres lohnenswertes Ziel für eine kurze Auszeit im Ruhrgebiet.

○ Rotbach-Weg, Franzosenstr. 39, 46539 Dinslaken
○ Parkplatz vorhanden

Reingehen und aufblühen

 34 *Die Mustergärten im Grugapark in Essen*

Die Auszeichnung Essens als „Grüne Hauptstadt Europas" im Jahre 2017 kommt nicht von ungefähr, und der Grugapark trägt mit seinem breiten Natur- und Kulturangebot zu dieser Auszeichnung bei. Das Aufblühen von Natur und Mensch ist hier Programm. Das Ruhrgebiets-Highlight entstand 1929 aus der Großen Ruhrländischen Gartenbauausstellung und zählt seitdem zu den schönsten Landschaftsparks Europas. Die fantastische Komposition von Flora und Fauna in stetiger Weiterentwicklung, ob künstlerisch gestaltete Blumenfelder oder gezielt verwilderte Blumen- und Blütenwiesen, zieht Tag für Tag Besucher in den Park. Sein wechselndes Erscheinungsbild macht das Naturparadies mit dem üppigen Bestand an botanischen Besonderheiten zu einem Lieblingsziel von Naturentdeckern.

Eine besondere Attraktion sind die Mustergärten mit ihrer Fülle an Anregungen für Gartenfreunde, die sich hier ganz entspannt Ideen für zu Hause holen können. Da sind die kleinen Traumgärten mit Gestaltungsvorschlägen für Stadt- und Reihenhäuser, der Familiengarten mit Weiden-Tipi für Spiel und Spaß, oder ein Erholungsgarten mit Trennelementen, auf dass ein jeder seinen Wellnessbereich findet. Der bewegte Garten mit Sonnenuhr und Kräuterspirale lässt uns Natur mit allen Sinnen erleben, im toskanischen Garten sind wir im Urlaub und im Grillgarten ganz Ruhrpottler.

TIPP Immer auf dem Blühenden sein mit dem Blühkalender www.grugapark.de/ bluehkalender.

Ein Rundweg durch den Landschaftsgarten führt an vielen weiteren Naturstationen vorbei. Ganzjährig lassen sich da, je nach Saison, Gartenschönheiten entdecken. Die Dahlienarena zählt mit ihrem unglaublichen Sorten- und Farbenspektrum auf terrassiertem, begehbarem Rund zu den besonderen Attraktionen im Sommer. Schon früh im Jahr starten die ersten Prachtexemplare in den Pflanzenhäusern, etwa Himmelsblüte, Orchidee, Schneeglöckchen und Kirschblüten. Open-Air-Künstler wie Kamelien, Sternmagnolien, Narzissen, Tulpen, Rosen, Sommerblumen und viele andere bestreiten dann Frühling und Sommer.

○ Grugapark, Virchowstr. 167 a, 45147 Essen
○ ÖPNV: U11, Haltestelle Messe Ost/Gruga-Halle

Durch dick und dünn

35 *Der Stimbergpark in Oer-Erkenschwick*

Der Stimbergpark bietet eine ideale Ausgangsbasis für Erholungsuchende sowie Freizeitaktivisten und wird ebenfalls gerne von Hundebesitzern und Pferdeliebhabern genutzt. Er gehört zum angrenzenden großen Waldgebiet der Haard und ermöglicht das entspannte Eintauchen in eine weitere grüne Oase des Ruhrgebiets. Im riesigen Naturareal mit seinem reichhaltigen Spektrum an interessanten Pflanzen und Tieren findet jeder Freund der Erde willkommene Abwechslung. Es geht hier sozusagen „durch Dick und Dünn", nämlich durch einen wahren Urwald aus hohen Bäumen und niedrigen Pflanzen wie etwa vielen Farnen hinauf auf den Stimberg – der Berg lädt als höchste Erhebung der Haardlandschaft ja geradezu zum Gipfelstürmen ein! Hier hat sich die Landschaft einmal komplett gewandelt, denn vor rund 80 Millionen Jahren befand sich genau an dieser Stelle anstatt der Hügellandschaft ein flaches Meer. Der hohe Feuerwachturm Farnberg bietet heute einen fantastischen Panoramablick; der offenbart einmal mehr, dass der grüne Wandel des Ruhrgebiets vollzogen ist: weit und breit nur Grün. Für die Leute im Ruhrgebiet ist das natürlich schon lange keine Überraschung mehr.

TIPP Am Ausgangsort liegt das Freizeitbad Maritimo mit einer riesigen Saunalandschaft zur Entspannung.

In diesem Naherholungsgebiet sind ausgedehnte Wandertouren möglich, um den Arbeitsalltag hinter sich zu lassen. Und die Sehnsucht nach mehr Ruhe und Natur wird hier schnell gestillt, denn die schöne Umgebung wartet mit einem großen Facettenreichtum an Pflanzen und Tieren auf. Besonders im Herbst zeigt die Natur hier ihre ganze Farbpalette an Bäumen, Büschen und wilden Früchten. Naturliebhaber schätzen den Waldlehrpfad, der die Geheimnisse der Haard an interaktiven Stationen offenbart – und das inmitten einer beeindruckenden Waldkulisse mit all ihren Geräuschen und Düften. Da liegt der Gedanke nahe, im Herbst das Pilzkörbchen zu schnappen, um die gut gehüteten Sammelstellen aufzusuchen. Aber bitte den leckeren Sprösslingen nur mit ausreichend Fachkenntnis entgegentreten!

- Stimbergpark, 45739 Oer-Erkenschwick
- Gute Parkmöglichkeiten
- ÖPNV: Bus 231, Haltestelle Maritimo

Streifzug durch das Auenland

36 *Auf dem Deich der Lüner Lippeaue*

Im Ruhrgebiet gibt es zahlreiche Radwege, die sehenswerte Stationen in der Natur oder Sehenswürdigkeiten verbinden. Nach einigen Kilometern mit dem Fahrrad – oder auch zu Fuß – ist es Zeit, eine Pause einzulegen und zu entschleunigen. Wohl dem, der dann eine Sitzgelegenheit findet, um die Natur mit allen Sinnen zu genießen oder einfach nur in Ruhe zu entspannen. Das Naturschutzgebiet Lippeaue bei Lünen mit seiner wunderbaren Flusslandschaft ist per se schon ein ganz besonderer Ort in der Natur. Aber außerdem stehen hier die begehrten Bänke zur Erholung direkt auf dem Deich, von dem aus sich ein fantastischer Panoramablick auftut. Auf dieser Strecke, die auch Teil der Römer-Lippe-Route ist, zählt die Station „Auendynamik" zu den schönsten Haltepunkten und ist Garant für einen grünen Glücksmoment. Gemütlich auf der großen Sitzbank verweilend, schweifen die Blicke über Flutmulden mit Nassgrünland, Flutrinnen und Ufergehölzen, die den zahlreichen Pflanzen- und Tierarten einen Lebensraum bieten. Man schaut weit über die Lippeaue bis hin zu den zahlreichen schottischen Hochlandrindern bei der „Landschaftspflege" der grasgrünen Aue.

TIPP Entdecken Sie die Geschichte der Region am Fluss entlang der Römer-Lippe-Route.

Die Auenlandschaft unterliegt durch ihre regelmäßigen Überflutungen bei Hochwasser, Schneeschmelze oder Dauerregen einem ständigen Wandel und bietet der anpassungsfähigen Tier- und Pflanzenwelt einen idealen Rückzugsort. Die Lippe schlängelt sich wie der Amazonas mit üppig bewachsenen Uferzonen durch die Landschaft und formt deren Bild je nach Wetterlage und Wasserstand immer wieder neu. Landschaft meint hier einmal mehr die Kombination von beabsichtigtem Wildwuchs und landwirtschaftlicher Nutzfläche, beide gleichermaßen hin und wieder durch das Wasser umgestaltet. Beinahe wie am Wattenmeer sorgen Uferschwalben, Zwergtaucher und weitere Vogelarten in großer Zahl für Nordsee-Charme. Entdecker werden hier bestens ausgestattet, denn an dieser Station mitten auf dem Deich steht ein Fernrohr für Beobachtungen in der Landschaft bereit. Blicken Sie doch mal durch.

ⓞ Lüner Lippeaue, Schlossallee, 44536 Lünen
ⓞ Parkplatz suchen und Fußweg einplanen
ⓞ ÖPNV: Ab Hauptbahnhof Lünen am besten per Rad zur Erlebnisroute

Der Wildnis so nah

37 *Der Naturwildpark Granat in Haltern*

Zwischen dem Ruhrgebiet und dem Münsterland gibt es eine tierische Verbindung. Der Wildpark Granat am Rande von Haltern-Lavesum ist ein beliebtes Ausflugsziel – insbesondere für Familien mit Kindern – mit Tieren und Natur zum Anfassen. Zoos und Tierparks, an denen es im Ruhrgebiet ja nicht mangelt, sind ohnehin Anziehungspunkte für die lieben Kleinen (und oft genug auch Großen), im Naturwildpark Granat in Haltern aber bieten sich tierische Begegnungen der ganz besonderen Art – das erlebt man nicht alle Tage! Der großräumige Wildpark auf einer Gesamtfläche von 60 Hektar beschert einen erlebnisreichen Tag vor faszinierender Naturkulisse. Große Gehege mit Wölfen, Wildschweinen, Kängurus und Luchsen stimmen auf die freie Wildbahn ein, in der sich Mensch und Damwild, Muffelwild, Sikawild, Rotwild & Co. ohne Zaun tatsächlich völlig frei begegnen. Auf dem Weg ins bewaldete Freigehege kreuzen Pfauen mit ihrem farbenprächtigen Federkleid und dicke Hängebauchschweine die Wege der erstaunten und begeisterten Besucher und erhalten für so viel tierische Nähe Belohnung aus den extra dafür vorgesehenen Futterstationen. Am besten reichlich eindecken: Kommt einer, kommen alle, das gibt ein großes Hallo unter den jungen Besuchern! Durch eine Schwingtür geht es in die freie Wildbahn, und schwupps, befindet man sich in einer Szenerie wie in einer Naturdokumentation über frei lebende Tiere. Da wechselt mal eben eine Herde von 30 bis 50 Hirschen die Seite und galoppiert zu einer idyllischen Waldlichtung. Was für ein Erlebnis! Dazu das Feuchtbiotop mit einer großen Artenvielfalt an Tieren wie Wasserschildkröten, Fröschen oder Koi-Karpfen sowie Pflanzenzonen – als Besucher ist man Teil dieser atemberaubenden Atmosphäre und kann auf einer der großen Grünflächen im Park Rast und Picknick einlegen. Um die beeindruckenden Momente zu verarbeiten, bietet sich alternativ eine Pause auf einer der vielen Sitzbänke an. Aber nicht wundern, wenn plötzlich neugierige Mufflons vorbeischauen. Einfach granatenstark.

○ **Naturwildpark Granat, Granatstraße, 4572 Haltern-Lavesum**

Richtung Fluss

38 Entlang der Seseke

Mit Beginn der Frühjahrszeit blüht der Pott auf und Outdoor-Fans haben „grüne Welle". Alle kommen in Schwung und wollen losziehen, um die wärmenden Sonnenstrahlen zu genießen – Grund genug, einen weiteren grünen Glücksort zu erkunden. Dazu startet man zum Beispiel ganz bequem mit dem Rad im schönen Seepark Lünen, um entlang der Seseke, einem renaturierten Nebenfluss der Lippe, durchweg auf ebenen Wegen Kurs auf Kamen zu nehmen und das Leben am Fluss zu entdecken.

Auch hier ist der Weg das Ziel, denn die Strecke von etwa acht Kilometern führt entlang der glasklaren Seseke durch eine blühende Landschaft. Und die wird auch noch künstlerisch aufgepeppt oder besser: Natur und Kunst werden am gesamten Lauf der Seseke auf das Schönste vereint. So etwa stellen die Miniaturhäuser aus Beton und Stahl im Maßstab 1:10 (Titel „Here comes the Rain again") in Kamen Heeren-Werve einen Ziel- und Haltepunkt dar. Sie wurden von den Künstlern Folke Köbberling und Martin Kaltwasser in Kontrast zum mäandernden kleinen Fluss geschaffen, der neben den Häusern riesig wirkt. Eine verspiegelte Riesenröhre des Künstlerduos Winter/Hörbelt steht am Zusammenfluss von Körne und Seseke und bricht das gespiegelte Landschaftsbild in kleine Mosaikstückchen. Auf der gewählten Kurzstrecke stößt man bei Kamen auf die nicht zu übersehende Landmarke des Berliner Künstlers Christian Hasucha „JETZT" aus Steingabionen, die ebenfalls den Prozess landschaftlicher Veränderung thematisiert. Das ist der richtige Moment, einmal innezuhalten und die Landschaft zu betrachten: Während man durch die Öffnungen der Buchstaben schaut, verändert sich die Natur schon wieder unmerklich. Alles fließt: Der Weg entlang der Seseke ist ein Eldorado für Naturliebhaber, die sich hier einmal Zeit nehmen sollten, den Fluss in Ruhe zu betrachten und die Vielfalt der Natur bewusst wahrzunehmen. Kanadagänse, Eisvögel und Enten nutzen den Lebensraum und den Nahrungsreichtum dieser blühenden Flusslandschaft – auch ein Erfolg der nachhaltigen Renaturierung.

TIPP Mit dem Fahrrad lässt sich eine wunderschöne Radtour entlang der Römerroute planen.

● Seseke in Kamen, Hilsingstraße, 59174 Kamen

Ein wasserreiches Waldland

39 *Rund um den Beversee in Bergkamen*

Das Ruhrgebiet hält mittlerweile eine Art „Standardprogramm" an grünen Glücksorten bereit und der „Hiesige" muss sich nur noch entscheiden, welches schöne Fleckchen er denn zuerst besuchen wird. Der Besuch des Naturschutzgebiets Beversee in Bergkamen ist dabei sicherlich eine gute Wahl. Gleich in der Nähe des Jachthafens Marina Rünthe beginnend kann sich der Naturfreund über ein landschaftliches Kleinod freuen. Zu Beginn seines Weges in die grüne Oase überrascht die Natur mit allerhand Wildwuchs. Zahlreiche Pflanzen mit weißen Blüten bilden einen hübschen Kontrast zu hochgewachsenen Bäumen. Der Weg zum See führt weiter durch ein prächtiges Waldgebiet, malerisch dominiert von Hänge- und Moorbirken. Ganz nach Belieben kann man sich für einen großen oder kleinen Rundweg entscheiden oder einfach nur die Erholung spendende Bank in der Nähe der Aussichtsplattform aufsuchen. Der Aussichtspunkt bietet eine grandiose Sicht über den Beversee mit seinen zahllosen Vogelarten, die hier nahezu ungestört über dem Wasser kreisen. Der See ist durch Bergsenkung entstanden und bildet das Herzstück eines gleichnamigen Naturschutzgebietes. Dieses umfasst etwa 100 Hektar Fläche und ist ausgesprochen abwechslungsreich. Die großflächigen Waldbereiche bieten wie die Uferzonen des nährstoffreichen Sees wichtigen Lebensraum für viele Pflanzen und Tierarten. Eisvogel, Haubentaucher, Graureiher, Erdkröte ebenso wie viele Insekten- und Pflanzenarten haben über die Jahre diesen wertvollen Lebensraum besetzt. Im gesamten Ökosystem gehen Spaziergänger und Wanderer auf eine interessante Reise durch die Natur. Der kleinere Rundgang um den See führt nahe an die Uferbereiche, wo sie sich an vielen Tier- und Pflanzenarten erfreuen können. Der große Rundweg führt die Spaziergänger durch eine Urwaldlandschaft mit sumpfigen Bachtälern, Kanalwege bringen ihn wieder zurück an den Ausgangspunkt. Ein idealer Ausflugsort und ein lohnenswertes Ziel mit maritimem Flair zu Beginn und mit beeindruckender Naturkulisse.

○ Naturschutzgebiet Beversee, Werner Straße, 59192 Bergkamen
○ ÖPNV: Bus S20, Haltestelle Rünthe Marina

Ein Fest im Grünen

 40 *Die Aussicht vom Bergplateau in Herne-Wanne*

Schon 1962 wurde Wanne-Eickel eine musikalische Hymne von Friedel Hensch und den Cyprys zuteil. „Nichts ist so schön wie der Mond von Wanne-Eickel …" klang es damals aus den Lautsprechern und unterstrich damit einmal mehr die Werte des lieblichen Fleckchens.

Heute zieht es viele Menschen in eine grüne Oase rund um und auf der Halde Pluto-Wilhelm in Herne-Wanne. Raus und ab in die Natur lautet die Devise für den Herner. Gut ausgebaute Wege ermöglichen entspannte Spaziergänge durch das behutsam gestaltete Naturschutzgebiet und laden zum Durchatmen ein. Energielieferant ist hier und heute die grüne Landschaft, sie sorgt für beste Erholung fernab jeglicher Hektik.

Die vielseitige Vegetation begleitet die Besucher bis hinauf zum ganz besonderen Bergplateau.

Links und rechts des Weges hat sich mit den Jahren eine Fülle verschiedener Pflanzen, Sträucher und Bäume angesiedelt. Eine bunte Vielfalt an Schmetterlingen belebt das Paradies und nimmt Naturfreunde mit auf eine farbenfrohe Reise. Eingebunden in ein intelligentes Radwegenetz lockt der mit 80 Metern über NN (35 Meter über der Umgebung) höchste Punkt von Wanne-Eickel auch zahlreiche Benutzer der Erzbahntrasse, des Radwegs von der Jahrhunderthalle Bochum zum Rhein-Herne-Kanal, an. Der Weg ist das Ziel: Über eine 15 Meter lange Treppe geht es nämlich auf eine fünf Meter hohe Kanzel. Im Vergleich zu den Aussichtspunkten anderer Landmarken im Ruhrgebiet ist dieser auf dem Bergplateau klein, gewährt dafür aber einen Panoramablick erster Klasse auf die grüne Ruhrgebietskulisse.

Alljährlich im Sommer blitzt durch laubdichte Bäume ein Stahlgerüst. Dabei handelt es sich um die Achterbahn des größten Volksfestes im Ruhrgebiet, der Cranger Kirmes. Am Abend zieht es viele auf den Berg hinauf, um das Eröffnungsfeuerwerk in Ruhe zu genießen. Das Gelände ist ein Baustein der Route Industriekultur und so wird ganz nebenbei ein Stück Zechenkultur erlebt. Glück auf!

⊙ Naturschutzgebiet an der Berghalde Pluto-Wilhelm, 44649 Herne

Blühende Schrottlaube

 41 *Perlen der Ruhrgeschichte in Mülheims Garten*

Am Sonntag noch nichts vor? Wie wäre es denn mit einem Ausflug zu Mülheims bekanntester „Schrottlaube", dem MüGa-Park? Die aktive Zeit der Bahnanlagen auf diesem Gelände gehört schon lange der Vergangenheit an und spätestens durch die Nutzung des Gebiets für die dritte Landesgartenschau Nordrhein-Westfalens im Jahre 1992 entstand eine blühende Landschaftsinszenierung, auch liebevoll „Schrottlaube" genannt. Aus einem Lagerplatz für Altmetall wurde innerhalb kurzer Zeit eine blühende Landschaft. In dieser grünen Stadtzone ist ein Aufblühen der Mülheimer und vieler Besucher im Rahmen einer Auszeit fernab von Hektik und Schnelllebigkeit garantiert. Die farbenfrohe Parkanlage erstreckt sich über ein Gebiet von mehr als 60 Hektar und zeichnet sich durch bunte Blumenbeete, Biotope, große Wiesenanlagen, Teiche, Pavillons sowie einzelne Gartennischen mit Pflanzen und Bäumen aus. Dem Wunsch nach entspanntem Verweilen und ausgiebigen Erholungspausen ist mit Sitzgelegenheiten im ganzen Park Rechnung getragen worden. Die direkt an der Ruhr gelegenen Bänke sind dabei ebenso begehrt wie diejenigen zwischen farbenprächtigen Blumenbeeten und sehenswerten Skulpturen. In der Sonne oder lieber im Schatten – Sie haben die Wahl! Mülheims großer Garten vereint überdies Natur und Kultur in harmonischem Einklang, denn Besucher können sich über ein vielseitiges Angebot an Veranstaltungen freuen. Industrierelikte wie zum Beispiel der alte Ringlokschuppen sind in die Landschaftsgestaltung eingebunden, hierher locken Musik, Theater und Performances zahlreiche Gäste. Lassen Sie sich im MüGa-Park von weiteren spektakulären Highlights beeindrucken, etwa von der Camera Obscura, der größten begehbaren Kamera der Welt: Der ehemalige Wasserturm beinhaltet ein außergewöhnliches Museum zur Vorgeschichte des Films und zeigt interessante Exponate zur Entwicklung der Fotografie. Perlen der Ruhrgeschichte, -kultur und -natur machen Mülheims Garten zur innerstädtischen Naherholungsinsel schlechthin.

●●●

⊙ **MüGa, Am Schloss Broich, 45479 Mülheim an der Ruhr**
⊙ **ÖPNV: Stadtbahn 901, Bus 122, 131, 133, 135, Haltestelle Schloss Broich**

Natürliche Gestaltung

42 Das Dellwiger Bachtal in Dortmund

Das Naturschutzgebiet Dellwiger Bachtal im Dortmunder Westen ist ein gutes Beispiel, wie die Natur Bachläufe und Uferzonen in Eigenregie wieder natürlich formt und weiterentwickelt. Vom Betonkorsett befreit, hat der Dellwiger Bach sich auf einem Teilstück von 2,6 Kilometern Länge wieder der Natur unterworfen und ist zum Lebensraum für viele schützenswerte Tiere und Pflanzen geworden.

Versteckt hinter Laubbäumen liegt der Bach samt unzähliger Feuchtgebiete und Tümpel in benachbarten Siepen sowie seinem wichtigsten Nebenfluss, dem Katzbach; für eine Weile begleitet er mit sanftem Plätschern Spaziergänger, Wanderer und Jogger auf ihrem Weg. Aufmerksamen Naturfreunden entgehen natürlich nicht das Quaken der Frösche sowie das Zirpen der Grillen, die von fröhlichem Vogelgezwitscher musikalisch unterstützt werden. Viele Vogelarten wie zum Beispiel das Rotkehlchen, die Dorngrasmücke, Spechte, Mäusebussard, Waldkauz, die Elster und die Krähe fühlen sich hier heimisch und sorgen insbesondere in den Morgenstunden stimmlich für Leben. Auch Reptilien wie Feuersalamander, Molche, Frösche und Kröten fühlen sich hier wohl – wo gibt es das heute noch?

Insgesamt umfasst die wunderschöne Bachlandschaft stattliche 112 Hektar und damit reichlich Raum, beglückende Momente im Grünen zu genießen. Das Naturschutzgebiet Dellwiger Bachtal in Lütgendortmund ist recht abwechslungsreich. So führen gut begehbare schmale Pfade auch vorbei an prächtigen Obstbäumen, die im Frühling mit ihren rotweißen Blüten das Tal in ein farbenprächtiges Blütenmeer verwandeln. Auf kleinen Wanderungen von knapp einer Stunde Dauer passiert man unter anderem das Wasserschloss Haus Dellwig mit seinem alten Baumbestand an 100 Jahre alten Platanen, Rosskastanien und Hainbuchen sowie einer 1853 gepflanzten Magnolie. Alles zusammen macht große Lust, das Frühjahr im Dellwiger Bachtal zu begrüßen. Naturgenuss pur, wieder einmal direkt „umme Ecke".

● Dellwiger Bachtal, Dellwiger Str. 130, 44388 Dortmund
● ÖPNV: Bus 462, 470, Haltestelle Dortmund-Lütgendortmund, ca. 10 Minuten Fußweg

Schritt für Schritt

43 Erkundungstour am Kemnader See in Bochum

Schnell das Skateboard geschnappt oder die Inliner angelegt und dann mit Schwung und Geschwindigkeit durch eine wundervolle Gegend fernab des Alltagsgeschehens gleiten. Oder wacker die Turnschuhe geschnürt und dann los durch die atemberaubende Landschaft entlang des Kemnader Sees. Oder zügig durch die weiten Wiesen unter großen Bäumen und vorbei an wilden Gänsen walken. Oder doch lieber die Entschleunigungsvariante wählen und in aller Gemütlichkeit ein ruhiges Plätzchen in dieser grünen Oase für sich entdecken? Letztlich entscheidet jeder nach eigenem Gusto, wie er die Landschaft um den knapp zehn Kilometer langen See erobern möchte. Das Naherholungsgebiet zwischen den Ruhrgebietsstädten Bochum, Witten und Hattingen bietet ein abwechslungsreiches Angebot an Freizeit- und Erholungsmöglichkeiten in einem beeindruckenden Naturparadies für jedermann. Erst einmal ankommen und die eindrucksvolle Umgebung des jüngsten Stausees im Ruhrgebiet erkunden, wie man mag. Ganz in Ruhe werden die Schuhe geschnürt, der Rucksack aufgesetzt und mit der Kamera im Anschlag wird langsamen Schrittes für Orientierung gesorgt. Schritt

TIPP Kemnade in Flammen. Veranstaltung mit Kirmes und Livemusik rund um den Kemnader See, Feuerwerk inklusive.

für Schritt geht es gemütlich entlang des Sees mit seinen abwechslungsreichen Uferzonen. Eine kaum überschaubare Anzahl von Schwänen – bisweilen auch Wassersportlern – tummelt sich im Nass und das Vogelvolk schenkt besonders Spaziergängern mit Brot in der Hand Aufmerksamkeit. Der Kemnader See ist auch ein Wassersportgebiet allererster Güte, das viele Segler, Surfer, Angler & Co. anzieht. Hier kommt der Naturfreund voll auf seine Kosten und kann insbesondere in schönen Morgenstunden die reizvolle Landschaft mit ihrer vielseitigen Pflanzen- und Vogelwelt in Ruhe auf sich wirken lassen. Ein grün-weiß gestreifter Leuchtturm markiert als maritimer Hingucker eine besonders schöne Pausenstelle für Erholungsuchende, die sich zu Fuß, auf Rollen oder zu Wasser nähern. An kaum einem schöneren Ort im Revier lässt sich Natur von der ganzen Familie so vielfältig erfahren.

● Kemnader See, Hevener Str. 309, 44801 Bochum
● ÖPNV: Bus 375, Haltestelle Hafen Heveney

Gruß aus der Urzeit

44 *Farnlandschaften an der Kirchheller Heide in Bottrop*

Es gibt Regionen im Ruhrgebiet, in denen man sich in eine andere Zeit katapultiert fühlt. Die Kirchheller Heide in Bottrop ist zum Beispiel eine solche anheimelnde Region. Die abwechslungsreiche Grünfläche mit ihrem großen Wald- und weitläufigen Feldbestand im Wechselspiel ist ein ausgewiesenes Naturschutzgebiet und lädt auf Teilbereichen des Erlebnisraumes Besucher auf eine Expedition in den Urwald ein. Die Entdeckungstour beginnt für die Naturinteressierten mit einer Vielzahl an Altpflanzen wie Farnen, moosbedeckten Baumstämmen und Geäst verschiedenster Größe und Ausmaße. Riesige Libellen, surrende Hummeln und bunte Schmetterlinge wecken Assoziationen an den Film „Jurassic Parc", denn in diesem Urwald entsteht schnell der Eindruck, hier könne gleich eine Herde von Dinosauriern gemütlich vorbeistampfen und sich am reichhaltigen Buffet prächtig gedeihender Pflanzen bedienen. Schließlich dienten Farne, jedenfalls Baumfarne von etwa 30 Meter Größe, vor Millionen Jahren vermutlich als Grundnahrungsmittel oder auch als Schattenspender.

TIPP Ein Besuch der nahen Halde Haniel, höchste begehbare Halde im Revier, ist sehr zu empfehlen.

Hier und heute erfreuen Farngewächse der verschiedensten Ausprägung sowie ein grünes Flechtwerk aus Bäumen und Sträuchern Spaziergänger und Wanderer. Auf stampfende Dinos trifft man zwar nicht, aber auf Tier- und Pflanzenreichtum. Es ist keine Seltenheit, dass sich beispielsweise Wildschweine einen Weg durch das Dickicht der Urpflanzen bahnen und den Weg des erstaunten Wanderers kreuzen. Der gesamte Glücksort im Grünen verfügt überdies über gut vernetzte Wander- und Radwege, die vorbei an Waldlichtungen, Feuchtgebieten, Bächen und anmutig gelegenen Seen führen, wie zum Beispiel dem Heidhofsee in der Nähe des Wald-Kompetenz-Zentrums Heidhof. Wer mag, kann sich dort in Sachen Lebensraum Wald schlaumachen lassen – oder einfach nur in Waldstimmung pausieren, hören, sehen und still erleben.

○ **Kirchheller Heide, 46244 Bottrop**
○ **Wanderparkplatz der Schachtanlage Haniel**

Stippvisite im Storchenland

45 *Der Hervester Bruch in Dorsten*

Der Storch ist gekommen, so heißt es auf den Informationstafeln im Hervester Bruch. Tatsächlich gibt es im Storchenland so einiges zu sehen – die weitgereisten Störche sind natürlich die Hauptattraktion hier auf dem Lande. Die Marathonflieger sind inklusive Nachwuchs von bestens angelegten Aussichtspunkten zu beobachten. Aber nicht nur für den Storch, sondern auch für zahlreiche andere Vogelarten wie Neuntöter, Zwergtaucher und Blässralle herrschen hier im Hervester Bruch ideale Lebensbedingungen. Enten und Schwäne laden in kleinen Seebereichen zu ihrer öffentlichen Flugschau ein, Singvögel ergänzen das Naturidyll und zwitschern um die Wette. Ideale Bedingungen herrschen also auch für den Naturfreund, dessen Blick aber nicht nur auf die Vogelarten fällt. In der halb offenen Weidelandschaft grast friedlich eine Herde Heckrinder und übernimmt hier sozusagen die Landschaftspflege. Angelegte Stillgewässer und sumpfartige Grünflächen sind der Natur überlassen worden und bieten Kleintierarten einen optimalen Lebensraum.

An Aussichtspunkten laden Sitzgelegenheiten dazu ein, den Picknickkoffer auszupacken und geruhsame Momente in einer beeindruckenden Gegend zu genießen. Ein gut ausgebautes Wegenetz mit Strecken wie zum Beispiel der Erlebnisroute führt an verschiedenen Entdeckungsstationen vorbei und schenkt den Besuchern tiefe Einblicke in das artenreiche Naturparadies. Eine Stegvorrichtung mit Aussichtsplattform macht Natur unmittelbar und intensiv für die Besucher erlebbar. Die auch optisch reizvolle Anlage führt direkt ins und durchs Schilfdickicht – wo gibt es das schon? Natürlich im Ruhrgebiet. Die Welt des dschungelartig dicht gewachsenen Schilfröhrichts ist ein wahres Eldorado für Entdecker. Die Schilfhalme sind für den Sauerstoffhaushalt des Sees zuständig und bieten darüber hinaus der Vogelwelt sehr guten Schutz und reichlich Nahrung. Auch wenn die ersten Störche dann im Herbst wieder weiterziehen, bleibt es also interessant im Storchenland, hier im „wilden" Ruhrgebiet.

· ·

▶ Hervester Bruch, Alte Hervester Straße, 46284 Dorsten-Hervest
▶ Parkplatz vorhanden
▶ ÖPNV: Bus 208, Haltestelle Hellweg, ca. 10 Minuten Fußweg

Kultureller Waldspaziergang

46 *Muttental in Witten*

Lust auf lange Spaziergänge durch ein schönes Tal mit idyllischen Wald- und Wiesenlandschaften, dazu eine ordentliche Prise Ruhrpottkultur? Dann ist das Muttental in Witten genau das Richtige. An diesem Ausflugziel inmitten der Natur werden an vielen Stationen des sogenannten Bergbauwegs die bedeutsamen Entwicklungsstufen des Ruhrkohlebergbaus näher erläutert und auch dem Zugereisten bestens erklärt. Wanderer, Spaziergänger, Walker oder Radfahrer werden hier mit auf eine Reise in die Zeit genommen, in der noch das schwarze Gold die gesamte Region dominierte. Heute allerdings ist es eine Reise durch ein Gebiet, in dem die Natur in besonderem Maße wieder den Takt angibt und sich das ehemalige Industriegelände fast vollständig zurückerobert hat. Wohin man hier auch schaut, über Berg und Tal, ist es grün – grüner geht's kaum noch.

Ein Gang wie durch einen Märchenwald! Schöne Wanderwege im dickichten Wald verführen zu ausgiebigen Spaziergängen, mit einer bunten Parade von Schmetterlingen, Bienen und anderen tierischen Zeitgenossen links und rechts des Wegesrandes als Begleiter. Das flauschige Moos,

TIPP Einen Besuch der Zeche Nachtigall, Wiege des Ruhrbergbaus, mit den Wanderwegen im Muttental kombinieren.

das sich rundum der großen Baumstämme ausbreitet, bereitet vielen Pilzarten ein Plätzchen zum Gedeihen. Und wenn der Fußgänger dann noch von den warmen Sonnenstrahlen, die sich zwischen Ästen und Blättern ihren Weg bahnen, gekitzelt wird, erfreut er sich allerhöchster Glücksmomente. Die Lichtspiele gehen weiter, wenn sich die Sonnenstrahlen auf einer Waldlichtung bündeln und die Rasenfläche wie die Bühne für eine Theatervorstellung beleuchten. Da scheint die Sonne bald auch in jedermanns Herzen, keine Frage! Wer fit ist, geht außerdem noch in Richtung der Ruine Hardenstein im gleichnamigen Naturschutzgebiet, das direkt an der Ruhr liegt und Anziehungspunkt nicht nur für große und kleine Ritter ist. Eine Überfahrt mit der Ruhrtalfähre „Hardenstein" rundet eine erholsame Zeit im Grünen ab. Das Motto der Fähre gefällt: „Zahl, was es dir wert ist." Ein feiner Zug.

● Muttental, 58456 Witten
● Wanderparkplatz vorhanden
● ÖPNV: Bus 378, 379 und 592, Haltestelle Bommern Bahnhof, etwa 400 Meter Fußweg zum Wanderweg

Barfuß auf Entdeckungsreise

47 *Der Ameisenpfad an der Üfter Mark*

Die Üfter Mark zählt zu den größten Waldgebieten im Naturpark Hohe Mark und ist eingebettet in eine reiche Tier- und Pflanzenwelt, die gleichwohl viel Raum für Erholung und Freizeitaktivitäten lässt. Die Landschaft mit eiszeitlicher Vorgeschichte sorgt für lohnende grüne Momente am laufenden Band und macht so einen Aufenthalt in dieser Umgebung besonders wertvoll. Wanderer, Jogger, Walker oder Mountainbiker wissen das 1.700 Hektar große Naturerlebnisgebiet längst zu schätzen. Ob Spurenlesen, Vogelexkursionen zu Buntspecht, Waldlaubsänger oder auf Abendwanderungen zu Eulen: Hier gibt es einiges zu entdecken. Sogar den Lebensraum von Fledermäusen kann man hier besser kennenlernen. Was für ein Abenteuer: Mitmach-Themenrouten wie zum Beispiel der Ameisenpfad begeistern Groß und Klein. Direkt in der Nähe des Wanderparkplatzes wird auf einem großen Schild mit der Aufschrift „Barfuß auf dem Ameisenpfad" schuhloses Glück verheißen. Kribbelt's schon? Keine Angst, es geht hier um das Naturerlebnis, den moosweichen Waldboden ohne Schuhe und Socken bewusst zu erleben. Dabei erfährt der Unbeschuhte zugleich jede Menge über Waldbewohner wie Rotwild, Fuchs, Wildschwein, Dachs – und natürlich die Waldameise. Jede Menge Infostationen begleiten nämlich die Barfußwanderer auf dem Ameisenpfad und sorgen für lehrreiche Entdeckungen. Am besten nimmt man an einer Führung teil und lässt sich Besonderheiten wie den Spechtbaum und eine Ameisenburg, die auf kleinstem Raum knapp 1,5 Millionen Ameisen beherbergt (wir sind im Ruhrgebiet ja in einem Ballungsgebiet), genau erklären. Der 4,2 Kilometer lange Naturpfad bereichert um ein intensives Kennenlernen nicht nur des Waldbodens. Das Voranschreiten inklusive vorsichtigem Abtasten von flauschigem Moos, weichem Gras und kratzigen Tannenzapfen mit den nackten Füßen ist eine ganz eigene Erfahrung. Hach, wie mutig wir doch als Kinder waren! Wer nun über eine Fußreflexzonenmassage nachdenkt, dem sei das nächst liegende Waldgebiet empfohlen.

○ Üfter Mark im Naturpark Hohe Mark, 46514 Schermbeck
○ Wanderparkplatz vorhanden

AMEISENPFAD

KEILER

Blaue Lagune

48 Harpener Teiche in Bochum

Eine Blaue Lagune im Ruhrgebiet? Vielleicht nicht ganz so wie in der Südsee oder der Karibik, aber türkisfarbene Wasserflächen sowie die Tier- und Pflanzenwelt machen das Naherholungsgebiet zu einem ganz besonderen Naturparadies. Für die Farbgebung gibt es eine Erklärung. Gelöste Mineralien aus dem Grubenwasser der Zeche Robert Müser sorgen für das Zustandekommen dieser kuriosen Wasserfärbung im nördlichen Teil der Harpener Teiche. Sie verleihen dem Wasser die leuchtend türkise Farbe, wie man sie sonst nur aus sonnigen Gefilden kennt. Um das zu erleben, muss im Ruhrgebiet niemand weit reisen, eine blaue Lagune liegt hier direkt vor der Haustür! Dieses Naturidyll ist nicht nur Ziel Naherholungsuchender, sondern ist zur Heimat für eine bunte Vogelschar geworden und lässt das Herz eines jeden Naturfreundes höherschlagen. Die Vielzahl von Kanadagänsen, Enten, Kormoranen und Schwänen liebt offensichtlich diese Zone des künstlich angelegten Gewässers, das weiter südlich wieder an natürlicher Farbgebung gewinnt. Im Frühjahr sorgen Graureiher, die ihre Nester in den üppig bewachsenen Uferzonen der Blauen Lagune bauen und Nistmaterial im Nonstop-Flug organisieren, für ein echtes Naturschauspiel. Einfach mal Platz nehmen, innehalten, die Umgebung auf sich wirken lassen und die hochinteressante gefiederte Tierwelt ungestört beobachten! Diese artenreiche Landschaft hat dem Besucher neben dem lagunenartigen Gewässerbereich natürlich noch mehr zu bieten. Das grüne Umfeld vereint viele Möglichkeiten zur Erholung und für die Fitness: Ausgiebige Spaziergänge sind ebenso machbar wie das Joggen oder Walken auf gut ausgebauten Wegen, die vorbei an den Harpener Teichen und an Bachläufen führen. Die Uferbereiche erlauben immer wieder weite Blicke über das Gewässer. Wer einen ganz besonderen Glücksmoment erlebt, beobachtet sogar einen Rotmilan bei seiner Futtersuche, dessen Flügel beim Fischfang fast das Wasser berühren und der dann wieder seine eleganten Kreise über den Seen zieht.

TIPP Im Hochzeitswald unweit von hier pflanzen Paare zum Zeichen ihrer Verbundenheit einen Baum.

Harpener Teiche, 44894 Bochum
ÖPNV: Bus 355, Haltestelle Auf dem Sporkel
Ein kleiner Waldpfad führt zu den Teichen

Fundgrube im Grünen

49 *Der HenrichsPark in Hattingen*

Für Freunde der Industriekultur ein Muss: HenrichsPark und Henrichs-hütte in Hattingen liegen dicht beieinander und vereinen industrielle Geschichte mit der Zurückeroberung durch die Natur.

Aus dem Park ist die Hochofenanlage gut zu sehen: Das monumentale Industriegelände des LWL-Industriemuseums für Eisen und Stahl ist ein beeindruckender Schauplatz der Industriegeschichte. Infotafeln leiten den Besucher bei der Wissensnavigation durch den Hüttenwerkskomplex. Junge Forscher folgen der blauen Ratte als Lotse entlang verschiedener Mitmach- und Wissensstationen. Andersherum: Von der Aussichtsplatt-form des 55 Meter hohen und ältesten Hochofens im Revier ist der Blick auf die herrliche Naturkulisse des Parks am besten. Zum Glück gibt es einen gläsernen Aufzug, der die Besucher nach oben schweben lässt. Der Betrachter kann sich gut vorstellen, wie hier einst Tausende Arbeiter in großem Umfang Stahl produziert haben.

Aber der Blick reicht auch weiter ins liebliche Umland, das schöne Ruhrtal mit seinen saftigen Wiesen und sanften Erhöhungen mit lichtem Baum- und Strauchbestand – und, last, but not least, mit der Ruhr, die sich ihren Weg durch ebendiese Landschaft bahnt.

Wer seinen Informationsdurst an der Industriekultur gestillt hat, spaziert im Park, immer mal den Blick auf die Vergangenheit gerichtet, durch blühende Wald-, Wiesen- und Blumenlandschaften. Das Biotop entlang einer langen Baumparade ist ein beliebter Badeort für verschiedenste Vogelarten. Im Herbst harmoniert die bunte Laubdecke im HenrichsPark mit der Kulisse der Industriedenkmäler in warmen Rosttönen, als habe ein Künstler hier ein Gesamtkunstwerk geschaffen.

Eingebettet in neue Natur sind die Relikte des Hüttenwerks nicht nur tolle Fotomotive, sondern demonstrieren einmal mehr den grünen Wan-del im Ruhrgebiet.

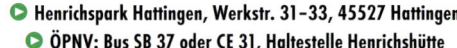

● Henrichspark Hattingen, Werkstr. 31–33, 45527 Hattingen
● ÖPNV: Bus SB 37 oder CE 31, Haltestelle Henrichshütte

Blühende Königsklasse

 Das Rosarium im Dortmunder Westfalen Park

Zweifelsohne ist die Königin der Blumen die Rose und schon seit Jahrhunderten steht sie symbolisch für lauter positive Dinge wie Glück, Hoffnung, Freude, Schönheit und Romantik. Die edle, oft verführerisch duftende Pflanzenart besticht durch ihre bunte Vielfalt und eine Fülle an Farb- und Formvariationen. Wer sich davon überzeugen will, der besuche einfach das Rosarium im Dortmunder Westfalenpark und lasse sich von den 2600 verschiedenen Arten und Sorten der blühenden Königsklasse beeindrucken. Die herausragende Rosensammlung in Dortmund fügt sich klar strukturiert und akkurat in das gepflegte Parkgelände, sie zählt zu den umfangreichsten der Welt. Der Forschung und Entwicklung wird in einem Sichtungs- und Versuchsgarten ebenfalls Platz eingeräumt. Hier lernen angehende Rosengärtner zum Beispiel die Kunst des richtigen Rosenschnitts und vieles mehr.

Der sogenannte Rosenweg führt Besucher durch Themengärten mit abwechslungsreichen Inszenierungen. Hier nimmt eine botanische Reise ihren Verlauf, die mit raffinierten Ergebnissen aus der Rosenzucht sogar Kenner überrascht und den Besucher zum ausgiebigen Verweilen einlädt. In einigen Gärten wachsen einem die Rosen gar in den schönsten Farbstufen von Rot, Rosa, Weiß und Gelb buchstäblich über den Kopf: An Spalieren haben sich die Edelgewächse in üppiger Pracht zur Begrüßung zusammengefunden. Angenehmste Düfte locken nicht nur den Naturfreund tiefer und tiefer in den Garten, sondern Hummeln, Bienen und Schmetterlinge werden ebenfalls davon angezogen. Neben Rosengärten im Jugendstil oder im mittelalterlichen Stil bildet der 120 Jahre alte Kaiserhain des Westfalenparks mit seinen ausgewählten Rosen den Höhepunkt der edlen Fülle und zugleich an Station 38 des Rosenwegs den Mittelpunkt des Rosengartens: Hier zeigt eine blühende Haupttribüne eine Rosenshow mit einem Programm aus Beeten, Rosenbögen, Säulen und vielen weiteren Blickfängen. Fest steht: Das prominente Gewächs hat keine Starallüren und lässt jeden nahe an sich heran. Ruhrpott halt.

TIPP Im Sommer lockt das Open Air Kino vor wunderschöner Teichkulisse im Park.

○ **Westfalenpark Dortmund, An der Buschmühle 3, 44139 Dortmund**
www.rosarium.dortmund.de
○ **ÖPNV: U45, U49, Haltestelle Westfalenpark**

Mystic Mountains

51 *Die Sonnenuhr auf der Halde Schwerin*

Im Ruhrgebiet vereinen sich Industriekultur und Natur zu Landmarken, die allesamt lohnenswerte Ziele für Ausflüge ins Grüne sind. Dazu zählt auch die Halde Schwerin. Die Plattform auf der Halde kann über verschiedene Möglichkeiten auf dem Weg durch eine ansprechende Umgebung in wenigen Minuten erreicht werden. Der Naturfreund kann sich während des Aufstiegs durch das weitläufige Areal über viele Pflanzen- und Tierarten freuen, die die alte Brache der ehemaligen Zeche Graf Schwerin zurückerobert haben. Ein direkter Aufstieg über die Stahl- oder Holztreppen der Industrie- oder Naturachse entlang wohlgeordnet angelegter Baumreihen ist ebenfalls möglich und bringt den einen oder anderen Sportler auf Trab. Auf dem Weg nach oben gewährt ein Aussichtsbalkon einen weiten Blick über die üppig bewachsene Feld- und Waldlandschaft. Die Gestaltung der Gipfelplattform beruht auf Ideen einer Kooperative aus Künstlern, Stadtplanern und interessierten Bürgern, die sich zu Beginn der 1990er-Jahre gemeinsam Gedanken über das Aussehen der Halde gemacht haben.

Das i-Tüpfelchen ist die Gipfelkunst auf dem grünen Haldendach. Die begehbare Sonnenuhr von Jan Bormann aus zehn Meter hohen Edelstahlstäben thront hier auf dem höchsten Punkt der Stadt Castrop-Rauxel. Beinahe mystisch muten die im Kreis angeordneten stählernen Stäbe, sozusagen das „Stonehenge" des Reviers, an. Das mag auch daran liegen, dass der Naturfreund von hier aus einen fantastischen Blick auf das Ruhrgebiet genießt. Die Sonnenuhr bildet den Mittelpunkt des sogenannten Geokreuzes. Die Achsen dieses Wegekreuzes auf der Haldenkuppe weisen in die Haupthimmelsrichtungen und schaffen Blickschneisen durch die Industrienatur mit ihren verschiedensten Baum- und Pflanzenarten sowie industriellen Überbleibseln in der weiteren Umgebung wie etwa den Hammerkopfturm der ehemaligen Zeche Erin. Kein Wunder, dass die Halde bereits für vorbildliche Gestaltung eines Industriegeländes ausgezeichnet wurde.

••

> ▶ Halde Schwerin, Zur Sonnenuhr, 44577 Castrop-Rauxel
> ▶ ÖPNV: Bus 341, Haltestelle Overbergstraße, ca. 10 Minuten Fußweg

Rundblick

52 *Blauer See in Dorsten*

Der Blaue See in Dorsten-Holsterhausen lädt zu einem kurzweiligen Sonntagsausflug rund um die attraktive Wasserlandschaft ein. Dieser Ankerpunkt ist eine Station auf der Radroute der Dorstener Wassererlebnisse (eine 24 Kilometer lange Strecke, die unter anderem an der Tüshaus-Mühle, den Heckrindern im Hervester Bruch und am Schleusenpark vorbeiführt) und bietet Anglern, Joggern, Walkern oder Radlern eine gute Gelegenheit, frische Energie zu tanken. Der Blaue See ist ein künstliches Gewässer, das aus dem Hammbach und dem Wienbach sowie Grundwasser gespeist wird; er dient hauptsächlich als Betriebswasserspeicher. Zwar ist die Zeit des aus einer Sandgrube entstandenen Sees als Badeparadies mit Sandstrand längst vorbei, doch Fische und Enten dürfen hier noch schwimmen. Die etwa 15 Hektar große Wasserfläche mit üppig bewachsenen Uferböschungen lässt sich auf einem bequemen Rundweg gemütlich umrunden und ermöglicht an vielen Stellen der Uferzone einen sehr guten Rundblick über den gesamten Seebereich. Der idyllisch gelegene Weiher ist von Bäumen umgeben und hat sich im Laufe der letzten Jahrzehnte zu einem idealen Rückzugsort für Stockenten, Haubentaucher und Kormorane entwickelt. Andere Gäste dieser Wasserwelt wie verschiedene Amphibien, Krebse und Muscheln schätzen ihn ebenfalls als Zuhause. Da der Blaue See, siehe oben, aus einer Sandgrube entstanden ist, haben sich mit der Zeit in bestimmten Bereichen Bänke und kleine Inseln aus Kies und Sand gebildet, die von den dort lebenden Tieren gerne als Ruhebereich genutzt werden. Wanderer können bei Interesse ihren Weg bis zum Hammbach ausdehnen und dabei an Info-Stationen einiges über das Thema Wasser lernen. Für eine ausgedehnte Pause mit schönem Seeblick bietet das Restaurant am Blauen See eine hervorragende Gelegenheit zur Stärkung. Und wenn sich dann die Sommerwolken als weiße Farbtupfer auf der bläulich schimmernden Wasserfläche spiegeln, dann macht der Blaue See seinem Namen alle Ehre.

TIPP

Auch kleine Rundgänge machen hungrig – dann auf zum Restaurant Zum Blauen See an der Luisenstraße.

◉ **Blauer See, Luisenstraße, 46284 Dorsten**
◉ **ÖPNV: Bus 276, Haltestelle Stausee**

Fliegende Hirsche

53 *Die Hirschkäferroute im Diersfordter Wald*

Der Besuch des Diersfordter Waldes in Wesel ist ein besonderes Naturerlebnis, denn man begibt sich auf die Spur der fliegenden Hirsche, besser bekannt als Hirschkäfer. Auf seiner Wanderrunde durch eine beeindruckende Wald- und Moorlandschaft trifft der Besucher auf zwei ganz spezielle, extra ausgewiesene Routen, die Hirschkäfer- und die Moorerlebnisroute. Auf der Hirschkäferroute selbst weisen vereinzelt Infopfosten am Wegesrand auf das mögliche Vorkommen von Hirschkäfern hin, allerdings bedarf es einiges an Geduld und Zeit, die Rieseninsekten dann auch tatsächlich zu entdecken. Doch keine Sorge: Die Geduld wird belohnt! Das große Vorkommen von Altholzbeständen und totem Holz, überzogen von einem Teppich aus grünem Moos, bietet die ideale Voraussetzung für den Lebensraum dieser gefährdeten Käferart. Auf dieser Entdeckungstour lernt man nicht nur den Hirschkäfer kennen, sondern erlebt den gesamten Wald und seine Bewohner hautnah. Das Waldgebiet wird ebenso von Spechten genutzt, um in das tote Holz Bruthöhlen zu zimmern, ganz zur Freude der Nachmieter, den Eulen und Fledermäusen. Zwei Kanzeln erlauben Beobachtungen

TIPP Die beste Zeit, um Hirschkäfer zu beobachten, ist die Abenddämmerung. unter dem Motto „Wild hoch 4", sprich, der Wanderer sieht von hier aus Hochwild wie Wildschwein, Rothirsch, Damwild und Mufflon. Auch dazu kommt es auf den richtigen Zeitpunkt an und auf Geduld, um Erfolg bei der Fotosafari auf die wild lebenden Tiere zu haben. Hinweistafeln auf der Route informieren ausgiebig und wer will, kann viel über die hochinteressante Landschaft lernen. Auch den angrenzenden Moorerlebnisweg sollte man sich nicht entgehen lassen: Naturpfade führen durch eine offene Dünenlandschaft, über einen geschwungenen Holzbohlenweg geht es durchs Heidemoor. Diese sumpfige Landschaft beheimatet Moorfrösche, Libellenarten wie die Moosjungfer sowie eine Reihe seltener Wasserpflanzen und macht diesen Ausflug zu einem faszinierenden runden Naturerlebnis.

○ Hirschkäferroute, Kreuzung Emmericher Straße/Diersfordter Straße, 46487 Wesel
○ Wanderparkplatz Eingang Süd

Durchgeblickt

54 *Entspannung im Naturschutzgebiet Mühlenbruch*

Bergkamen, einstmals Standort des größten römischen Militärlagers nördlich der Alpen und, viel später, ehemals größte Bergbaustadt Europas, hat heute wunderschöne Naturorte zu bieten. Dazu zählt unter anderem das Naturschutzgebiet Mühlenbruch, das eine ungefähr 28 Hektar große Fläche umfasst, umgeben von viel Ackerbau und Viehzucht. Dieser Grünbereich zeichnet sich durch einen großen Waldkomplex mit Altholzbeständen und Feuchtgebieten von breitem Artenreichtum aus. Jogger, Wanderer und Spaziergänger suchen diese wohltuende Umgebung nur zu gern auf, um nach Feierabend eine kleine Runde zu drehen und entspannt die Natur zu genießen. Die frische Waldluft bringt Körper und Geist wieder in Schwung und spürbar fließt die über den Tag verbrauchte Energie zurück. Die gut ausgebauten Strecken führen tief ins Waldgebiet, vorbei an märchenhaften Waldlichtungen und Wasserflächen. Für Unterhaltung sorgen eine Reihe von Waldbewohnern wie etwa der Specht, dessen Klopfen gut zu hören, der aber durch die dicht bewachsenen Laubbäume nicht so einfach zu erkennen ist. Wer dem Morsen des putzigen Fliegers mit Ohren und Augen folgt, der landet schnell mit den Blicken in den Baumwipfeln und lässt sich von den durch die üppigen Baumkronen glitzernden Sonnenstrahlen verzaubern. Auch im Unterholz entlang der Wege kann man sich über eine abwechslungsreiche Pflanzen- und Tierwelt freuen. Immer wieder sind moosbewachsene Baumstämme zu entdecken, die längst zu einer Mikrowelt für Käfer und Ameisen geworden sind. Die durch Bergsenkungen entstandenen Feuchtgebiete bilden einen gesicherten Rückzugsort für verschiedenste Vogelarten und zahlreiche seltener gewordene Pflanzen wie Rohrkolben, Goldrute und Schachtelhalm. Wilde Orchideen und ein Baumbestand aus Bruch- und Silberweiden machen den Besuch dieser grünen Enklave überdies lohnenswert. Der Naturschutzbund Deutschland e. V. führt übrigens Wanderungen durch das Schutzgebiet Mühlenbruch durch, auf denen vieles mehr zu erfahren ist.

TIPP Dieser Rundgang kann mit dem Besuch der nur 15 Autominuten entfernten Halde Großes Holz kombiniert werden.

○ Naturschutzgebiet Mühlenbruch, Lünener Straße, 59192 Bergkamen
○ Wanderparkplatz Mühlenbruch
○ ÖPNV: Bus R11, Haltestelle Weddinghofen, Goekenheide, ca. 10 Minuten Fußweg

Botanische Schönheiten

55 *Am Wasserschloss Wittringen in Gladbeck*

Ein malerisches Schloss, umgeben von Meisterwerken der Natur, beeindruckt Besucher des Hauses Wittringen in Gladbeck. Das Wasserschloss aus dem 13. Jahrhundert mit seinen beiden Rundtürmen ist ein begehrter Ausflugsort im Ruhrgebiet. Sowohl das Schloss wie auch das schicke Herrenhaus wirken in der großzügigen Parkanlage beinahe märchenhaft. Zugleich ist die Anlage von Haus Wittringen als Familienpark beliebte Anlaufstelle für Groß und Klein im Rahmen von Wochenendausflügen. Nach Belieben und Tagesform beginnt der Ausflug gemütlich im Restaurant, von wo der Blick auf einen großen Teich sowie die benachbarte begehbare Vogelinsel mit Papageienvoliere fällt. Dann soll es aber auch genug der Einstimmung gewesen sein, denn das Areal lädt zum Erkunden und Bewegen in der Natur ein. Es lohnt sich, vorab einen Blick auf die großen Informationstafeln zu werfen, um sich einen ersten Überblick zu verschaffen und für einen Weg zu entscheiden. Ums Haus Wittringen herum erweist es sich aber auch als machbar, einfach drauflos zu laufen und die schöne Gegend querfeldein zu erkunden und sich einfach mal ganz zwanglos schlendernd instinktiv auf die Natur einzulassen. Und davon hat das Gebiet rund um das Schloss viel zu bieten. Vor dem intensiven Grün des großen Waldgebiets im Hintergrund werden zunächst bunte Glanzpunkte in Form der fast im ganzen Park prächtig gedeihenden lilafarbenen Rhododendronbüsche gesetzt. Diese Inszenierung botanischer Schönheit ist eine wahre Augenweide für Spaziergänger, Jogger und Wanderer. Wege führen an großen Teichen vorbei, wo bunter Blütenreichtum entlang der Uferzonen viele Tierarten anzieht. Klassisch für einen Park mit Teichanlagen sprudeln Wasserfontänen in die Höhe und sorgen im Sommer mit ihrem rhythmisch erscheinenden Vorhang aus glitzernden Tröpfchen für ein wenig Abkühlung. Ganz zur Freude der Besucher, die auf den Bänken verweilen und einfach nur die Umgebung genießen.

TIPP *Ein Biergarten im Schlosshof lädt zu weiterem Verweilen bei Speis und Trank ein.*

Wasserschloss Wittringen, Burgstr. 64, 45964 Gladbeck
www.museum-gladbeck.de
ÖPNV: Bus 189, Haltestelle Stadion

Perfektes Panorama

56 *Hohenstein in Witten*

Als einen Knotenpunkt im Grünen könnte man das Naherholungsgebiet rund um das Berger-Denkmal auf Hohenstein in Witten bezeichnen, denn hier kreuzen sich die Wege von Menschen unterschiedlicher Mobilität. Diese beeindruckende Ruhrgebietsstation mit einer perfekten Aussicht über das Ruhrtal ist nämlich gleichermaßen ein begehrtes Ziel für viele Radfahrer, die auf dem RuhrtalRadweg unterwegs sind wie für Langstrecken-Wanderer, die durch den prächtigen Ruhrpottblick Kraft für den erlebnisreichen Aufstieg zu den Ruhrhöhen tanken wollen. Natürlich können sich auch Spaziergänger ausgehend vom Hammerteich am Fuße Hohensteins bei einem sommerlich-entspannten Gang durch den Wald in Richtung Hohenstein-Plateau an der Tier- und Pflanzenvielfalt erfreuen. Oben angelangt sind beim weiten Blick über das mittlere Ruhrtal bei Witten in der Nähe – oder bei klarem Wetter auch weit in der Ferne – liegende markante Sehenswürdigkeiten zu erkennen. Welche genau, zeigen Orientierungstafeln in der jeweiligen Blickrichtung. Ins Auge fallen vor allem die Ruhrinsel oder das archaisch wirkende Ruhrviadukt, über das noch Züge fahren, sowie das alte Wasserkraftwerk Hohenstein.

TIPP Pause gefällig? Eine Einkehrmöglichkeit gibt es im Restaurant vom Hotel Haus Hohenstein.

Wer diesen Ausblick noch toppen möchte und schwindelfrei ist, steigt die Wendeltreppe in dem etwa 20 Meter hohen Berger-Denkmal hoch. Beim Weitblick in Richtung Wetter gewinnt man fast den Eindruck, die Natur habe einen großen grünen Teppich über das Ruhrgebiet ausgerollt. Das weitläufige Gelände ermöglicht es Familien beim gemächlichen Schlendern, Kindern spielerisch die Natur näherzubringen, Wildschweine inklusive. Eine Wegstrecke wurde nach skandinavischem Vorbild mit natürlichen Materialien wie Mulch bedeckt, die sogenannte Finnenbahn erlaubt es zum Beispiel Joggern, Sport und Natur in dieser grünen Oase schonend zu verbinden. Andere Fußgänger dürfen aber selbstverständlich auch mal mit den Füßen fühlen – sehr angenehm! Aufblühen auf Finnisch sozusagen, auch das ist im Ruhrgebiet möglich.

Hohenstein, 58453 Witten

Maritimes Flair

57 *Eine Schifffahrt auf dem Harkortsee in Wetter*

Maritimes Flair für Natur- und Freizeitaktivisten bietet das beliebte Naherholungsgebiet rund um den Harkortsee in Wetter. Am, um oder auf dem Wasser – der Stausee mitten im Grünen ist nicht nur an das Netzwerk RuhrtalRadweg angebunden, sondern offeriert diverse Möglichkeiten, sich der Natur zu nähern.

Eine der besten Möglichkeiten, das Idyll samt Pflanzen und Baumarten wie zum Beispiel die Hängeweiden näher in Augenschein zu nehmen, ist natürlich eine Fahrt mit dem Schiff. Mit einem kleinen kurzweiligen Törn auf der „MS Friedrich Harkort", die zwischen Wetter und Herdecke verkehrt, gewinnt man mal eine völlig neue Perspektive: Das Passagierschiff tuckert gemächlich entlang der Ruhr, unter dem Herdecker Viadukt hindurch auf den Harkortsee. Passagiere des Stausee-Kreuzers haben den besten Rundumblick aufs Land, zum Beispiel auf die dicht bewachsenen Uferzonen, die im Frühling mit farbenprächtigen Blüten aufwarten und darüber hinaus einen idealen Rückzugsort für so manche Tierart bieten. Unzählige Schwäne und Enten begleiten die Bootstour eine Weile, bis sich die Tiere wieder ihren Familien und Nestern widmen.

Mit Kurs auf Herdecke wartet eine architektonische Meisterleistung auf: das 30 Meter hohe und 313 Meter lange Ruhrviadukt. An Land kann man natürlich auch viel entdecken und sich von den Uferaussichtsplätzen von der Vielseitigkeit der Tier- und Naturwelt auf dem Wasser und zu Land überzeugen.

Und wer noch Lust und Laune verspürt, die nähere Umgebung von einer höheren Warte zu erforschen, der begibt sich zur nahe liegenden Burgruine Wetter oder etwas weiter zum Harkortturm und genießt das wundervolle Ruhrgebietspanorama. Hop on, hop off: Wanderer und Radfahrer, die den RuhrtalRadweg nutzen, steigen an Anlegern zu und kombinieren die Land- und Wasserwarte.

Harkortsee, Wilhelmstraße, 58300 Wetter
Kleiner Parkplatz vorhanden
MS Friedrich Harkort-Anleger: Am Naturfreibad Wetter, Gustav-Vorsteher-Str., 58300 Wetter

Sehvergnügen garantiert

58 *Zechenkultur auf der Halde Brockenscheidt*

Waltrop ist die Stadt der Schiffshebewerke und begeistert viele Besucher mit dem von Kaiser Wilhelm eingeweihten Schiffshebewerk Henrichenburg. Neben diesem technischen Highlight in der Kanallandschaft zählen Veranstaltungen und Einrichtungen wie unter anderem der „Pyjamaball", das Parkfest und eine Kult-Pommes-Bude in uriger Stadtatmosphäre zu den beliebten Anlaufstellen und zu Aushängeschildern Waltrops. Vor allem aber gibt es die Zeche im Grünen, die Natur, Kultur und Mensch vereint. Die ehemaligen Zechengebäude am Fuße des höchsten Punkts Waltrops, der Halde Brockenscheidt, sind noch sehr gut erhalten. Die ehemalige Bergbaugegend zählt zur Route Industriekultur und bietet Spaziergängern, Radfahrern und Joggern so eine klasse Zechenkult-Kulisse für die wilde Industrienatur. Hier ist Abschalten garantiert und wer den „Berg" erklimmt, bucht mit dem grünen Weg zum Gipfel gleich die Entspannung mit. Die von reichlich Busch- und Baumwuchs gesäumte Erhöhung reiht sich nahtlos unter die grünen Glücksorte im Ruhrgebiet ein. Die ländliche Umgebung der Halde mit ihren Maisfeldern in Nachbarschaft zur Industrienatur ist ein echter Erholungsfaktor.

TIPP *Eine Stärkung im Manufactum - Gasthaus Lohnhalle rundet einen schönen Ausflug ab.*

Ob allein, mit dem Hund, mit Freunden oder der Familie die Gegend in Ruhe zu erkunden lädt die Akkus für den Alltag bald wieder auf. Ein weiteres Highlight ist auf dem Haldentop zu bewundern, denn dort spendiert die begehbare Landmarke „Spurwerkturm" des Künstlers Jan Bormann, Waltrops Panoramadeck in 15 Metern Höhe, einen Rundumblick der Extraklasse. Von dieser Aussichtsplattform lassen sich in der grünen Landschaft markante Sehenswürdigkeiten wie zum Beispiel das „UFO", besser bekannt als „Colani-Ei" (die futuristische Umgestaltung eines Förderturms des Designers Luigi Colani), ausmachen. Nach dem Abstieg von der Halde klingt der Gang über Stationen des Kreuzweges und weiter durch die angrenzenden Waldgebiete gemütlich aus – ohne dass man den grünen Pfad verlassen musste. Kultur und Natur liegen im Ruhrpott, so auch in Waltrop, immer dicht beieinander.

Halde Brockenscheidt, 45731 Waltrop
ÖPNV: Bus 284, Haltestelle Sydowstraße, ca. 15 Minuten Fußweg

Inselwege

59 Die Insel auf dem Loemühle-Teich in Marl

Manchmal fühlt man sich einfach reif für eine Insel, will nur noch vom Alltag abschalten und den Stress schlichtweg hinter sich lassen. Zum Glück gibt's da ja einige grüne Glücksorte und sogar Inseln, die für eine kurzweilige Auszeit erreichbar sind. Den Ort für eine solche Auszeit bietet ein schönes Fleckchen in Marl, und das ist der Loemühle-Teich. Dort liegt tatsächlich eine Insel und der Weg ins grüne Arkadien führt nur über eine Brückenverbindung. Die charmante kleine Insel verfügt über eine geringe Anzahl von Sitzbänken, von der sich recht entspannte Ausblicke in die Wasserlandschaft tun lassen. Im Sommer wird die Insel in ein Blütenmeer aus lilafarbenen Pflanzen getaucht – zwar nur für eine kurze Weile, dafür sind diese „Inselbewohner" aber auch von besonderem Liebreiz. Von der Erholungsinsel können sowohl im Teich wie auch am Festland noch mehr Einblicke in die Pflanzen- und Tierwelt getan werden. Das Gewässer ist der ideale Lebensraum unter anderem für Frösche und Libellen, die dicht bewachsenen Uferzonen des großen Teichs bieten Nahrung und Unterschlupf für viele kleinere Tiere.

Eine Brücke führt von der Insel hinunter direkt ins Naturschutzgebiet Loemühlenbachtal, eine wundervolle Auenlandschaft, die sich für ausgedehnte Touren in der Natur anbietet und das Wellness-Paket abrundet. Zu Lande, zu Wasser und sogar in der Luft gibt es hier so einiges zu beobachten. Gefiederte Flugkünstler wie zum Beispiel der Mäusebussard ziehen hier ihre Kreise. Und wenn der Blick schon gen Himmel geht, sollte man sich auch den Fallschirmspringern zuwenden, die nach dem Sprung aus dem Flieger den majestätischen Gleitflug genießen, um dann die sichere Landung unweit des Flughafens Loemühle vorzunehmen. Weiter schweift das Auge: Ein Bachlauf in Richtung der alten Loemühle rundet das harmonische Landschaftsbild ab. Ein schönes Schlussbild nach einem erholsamen Aufenthalt in der Natur.

● Loemühle-Teich, Loemühlenweg, 45770 Marl

Exzellente Symmetrie

60 *Der Terrassengarten am Kloster Kamp*

Manchmal fragt man sich ja, wie es hinter Klostermauern wohl so aussieht. Kloster Kamp in Kamp-Lintfort gewährt einen Eindruck und bezaubert überdies mit einer lieblichen Terrassenanlage im Barockstil – fast glaubt der Besucher, sich in Sanssouci zu befinden, Hohenzollernschloss und geliebter Sommersitz Friedrichs des Großen in Potsdam. Das Kloster wurde bereits im 12. Jahrhundert gegründet. Obwohl in den 1950er-Jahren bis zu Beginn des Jahrtausends hier noch Karmeliter lebten, ist es heute kein aktives Kloster mehr, sondern ein christlicher Begegnungsort im Grünen, Besucher willkommen!

Kloster Kamp ist ein echter grüner Glücksort, der nach historischem Vorbild gestaltet wurde und seit den 1990er-Jahren Besuchern zugänglich ist. Der präzise symmetrisch gestaltete Terrassengarten und die blütenprächtige Gartenlandschaft entlocken beeindruckten Gästen bei der unvermuteten Entdeckung so manchen Ausruf der Begeisterung. Die farbenfrohen Blumenbeete sowie die wechselnde Kräuter- und Gemüsebepflanzung nicht nur im großen Terrassengarten sind meisterhaft angelegt. Die perfekt geschnittenen Ligusterkegel oberhalb der durchgestuften Terrasse sehen wie die Kegel aus einem großen „Fang-den-Hut-Spiel" aus. Der Garten wird seitlich von einer prächtigen Säulenhainbuchen-Formation bewacht, die ein würdiges Empfangskomitee für die Gäste bildet. Wer unterhalb der Terrasse vorbei an Zierapfelbäumen und Rosen wandelt, erreicht die sprudelnden Wasserfontänen in der Mitte des Parks, die das bemerkenswerte Gesamtbild des Klostergartens abrunden. Noch mehr Blumenpracht gefällig? Einfach die Baumallee entlang zum alten Abteigarten weitergehen, der mit reichlich bunten Blumen, farblich sortiert gesetzt, punktet. Ein solch harmonisches Bild ergötzt nicht nur die Zeitgenossen mit dem grünen Daumen! Der prachtvolle Blütenreichtum lässt die Herzen aller Besucher höherschlagen. Ein Ort der Harmonie und Ruhe, so recht zum besinnlich-glücklichen Verweilen.

··

▶ Terrassengarten Kloster Kamp, Am Abteiplatz 13, 47475 Kamp-Lintfort
● Veranstaltungstipps: www.kamp-lintfort.de
● ÖPNV: Bus SB30, SB32, Haltestelle Kloster Kamp

Sauerstoff für die Stadt

61 | *Das Weitmarer Holz in Bochum*

Wollten Sie schon immer wissen, wo im Pott die ganze Kohle herkommt? Oder besser: wie man im Ruhrgebiet überhaupt darauf kam, die Kohle auszugraben? Dann tun Sie es den Wanderern im Weitmarer Holz nach. Mancher verweilt an einem eiszeitlichen Findling, dem sogenannten Jörgenstein, und lässt die Geschichte um den jungen Jörgen Revue passieren … Der Heimatdichter Georg Breucker ließ seine Romanfigur, einen Schweinehirten mit Namen Jörgen, durch Zufall hier die Steinkohle entdecken, als er sich an einer Feuerstelle des Nachts wärmte. Eine Geschichte, wie sie sich so recht im Ruhrgebiet hätte zutragen können!

Das grüne Weitmarer Holz ist mit über 80 Hektar die größte zusammenhängende Waldfläche des Ruhrgebiets. Die beste Gelegenheit, aktiv Natur zu genießen und Frischluft zu tanken. Wald- und Feldwege, leicht bergauf und bergab, sind ein wahres Eldorado für ausgiebige Wanderungen oder kleine, feine Spaziergänge und nicht umsonst ein begehrter Lauftreffpunkt für viele Bochumer. Wer vom Parkplatz im Weitmarer Holz aus startet, kann sich vorab auf einer Informationstafel über die Wegeführung informieren. Die Wege führen durch dichte Baumlandschaften aus Buchen und Eichen, die im Sommer viel Schatten bieten. Wer mag, kann seine Wanderung über hügelige Strecken in die umliegende pure Natur ausdehnen. Als Lockmittel für die Kleinen dient ein weitläufiges Wildgehege, in dem Damwild und Wildschweine in getrennten Bereichen leben. Ein Ausflug für Eltern mit Kindern ist empfehlenswert, denn die Tiere sind sehr neugierig und kommen zur Freude der Besucher direkt an den Zaun, und das im Familienverbund. Es ist schon beeindruckend, wenn die Wildschweinfamilie mit den kleinen Frischlingen die Zaungäste begrüßt. Das umfassende Gehege kann komplett umrundet werden. Ob per Rad, zu Fuß oder über ausgewiesene Pferdewege, die Besucher kommen gerne in das Naherholungsgebiet auf eine Atempause. Es verwundert nicht, dass dieser Ort als einer der größten Sauerstoffspender der Stadt Bochum bezeichnet wird.

TIPP Weitere sagenhafte Ruhrgebiets-Geschichten sind auf www.sagenhaftes-ruhrgebiet.de zu finden.

▶ Weitmarer Holz, Blankensteiner Straße, 44795 Bochum
▶ ÖPNV: Straßenbahn 308, 318, Haltestelle Blankensteiner Straße

Jakobsweg mit Ruhrpottblick

62 *Unterwegs an der Hohensyburg in Dortmund*

Die Hohensyburg in Dortmund ist seit jeher Ausgangspunkt für ausgiebige Spaziergänge mit einem fantastischen Ausblick ins Ruhrtal. Die denkmalgeschützte Burgruine Syburg bildet das Herzstück der prächtigen Wald- und Wiesengebiete auf dem Berg. Hier, auf der Höhe über dem Zusammenfluss von Ruhr und Lenne, standen nacheinander drei Burgen. Von diesen diente die steinerne Burg aus dem 11./12. Jahrhundert einmal den Kölner Erzbischöfen zur Sicherung des Ruhrübergangs bei Westhofen. Heute sind noch Überreste von Palas, Wehrtürmen und Befestigungsanlagen, alle aus ortstypischem Ruhrsandstein, zu finden. Aussichtspunkte ermöglichen einen wunderbaren Ruhrpottblick tief ins Tal und über den Hengsteysee. Ein weiteres beeindruckendes Highlight und beliebtes Fotomotiv der ausgedehnten Parkanlage ist das mächtige Kaiser-Wilhelm-Denkmal: der Kaiser auf seinem Pferd, ganz wie es sich gehört. Hier trifft man aber nicht nur auf Fotografen, sondern auch auf viele Jogger und Mountainbiker, die das Terrain für sich entdeckt haben. Von der Hohensyburg startet man zu ausgedehnten Touren im Grünen. „Waldläufer" kommen hier voll auf ihre Kosten, eine andere empfehlenswerte Route führt über den ausgewiesenen Jakobsweg durchs Naturschutzgebiet hinunter bis zur Ruhr und zum Hengsteysee. Ein wahrer Glücksmoment: die Vögel zwitschern, das Wasser plätschert, die Sonne scheint ... Pilger wandern natürlich weiter und machen Station an der Jakobssäule in Herdecke. Das von Steinbildhauer Timothy C. Vincent gestaltete Steinmonument bündelt Informationen zu Richtung und Ziel des Wegs.

Nicht weit von der Ruine und vom Kaiser-Wilhelm-Denkmal beginnt außerdem der Bergbaupfad und führt im Zick-Zack-Kurs durch den Wald entlang verschiedener Stationen wie dem alten Bergwerk oder dem Besucherstollen Graf Wittekind. Jahrhunderte der Bergbaugeschichte werden hier wieder lebendig. Wir sehen: Das beachtliche Gebiet um die Hohensyburg hat so einiges an Natur und Sehenswürdigkeiten zu bieten.

· ·

◉ Hohensyburg, Hohensyburgerstr., 44265 Dortmund
◉ ÖPNV: Bus 544, Haltestelle Spielbank Hohensyburg

Entlang des Canale Grande

63 *Radfahren am Datteln-Hamm-Kanal*

Rauf aufs Rad heißt es immer öfter für viele Ruhrgebietler, um in der Natur unterwegs zu sein. Mittlerweile gibt es ja auch viele interessante Radwege, auf denen sich das schöne Ruhrgebiet erkunden lässt. Besonders beliebt sind Wege entlang der Kanäle im Revier. Die Kanallandschaft, früher auch gerne „Kumpel-Riviera" genannt, bietet mehr als 250 Kilometer Wasserstraßen, sprich: Kanäle, und ist für geplante oder spontane Touren immer reizvoll. Eine gute Ausgangsbasis für solch eine schöne Fahrt ist zum Beispiel der Seepark Lünen am Datteln-Hamm-Kanal. Der Kanal hat eine lange Geschichte: Bereits 1914 war die erste Ausbaustufe fertig. Später wurde die schnurgerade Wasserstraße, die in Datteln vom Dortmund-Ems-Kanal verbunden ist, weiter ausgebaut und führt heute durch Waltrop, Lünen und Bergkamen bis nach Hamm. Wie herrlich ist es doch, ganz gemütlich entlang des Wassers zu fahren und die reizvolle Umgebung zu Lande und zu Wasser gleichzeitig zu genießen. Am Wegesrand blüht ab Ende Mai der Klatschmohn und schmückt einen Teil der Strecke mit seiner roten Pracht, mächtige Bäume stehen beinahe kilometerlang Spalier. Die angrenzenden weiten Felder und Wiesen steuern zum Landschaftsbild kontrastreich die Farben Grün und Gelb dazu. Insbesondere an warmen Sommertagen wird der Radfahrer vom leichten Fahrtwind im angenehmen Klima am Kanal beflügelt und schafft auf diese Weise eine gute Strecke. Eine Pause ist am Kanal fast an jeder Stelle möglich: die Picknickdecke nicht vergessen, ausbreiten und in Ruhe den vorbeituckernden Pötten nachgucken. Das ist Ruhrgebietsflair! Wer sich noch aufraffen kann, fährt weiter in Richtung Hamm, um noch mehr grünes Ruhrgebiet kennenzulernen. Und wer sich dann immer noch fit fühlt, macht vielleicht einen Schlenker in die Ruhrpott-Mountains und besucht die Halde Großes Holz. Also, warum nicht mal wieder auf den Drahtesel schwingen und entlang des „Canale Grande" eine schöne Tour am Wasser unternehmen?

··

▶ Datteln-Hamm-Kanal, Startpunkt Seepark Lünen, Preußenstraße, 44532 Lünen

Grüner Brückenschlag

64 *Die Kunstachse Burgenland in Herten*

Im Schlosspark Herten nimmt eine Zeitreise in Sachen Landschaftsgestaltung über die Kunstachse Burgenland ihren Anfang. Zuerst gilt es, den Startpunkt zu finden, denn das Gelände um das Wasserschloss Herten ist riesig und die Wege nicht immer hinreichend ausgewiesen. Der Autor geht als Entdecker voran: gefunden! Der Weg zum Lehrpfad führt vorbei am Schloss und weiter in Richtung der Schlossteiche. Sind diese erreicht, weist ganz in der Nähe ein Schild auf die Kunstachse Burgenland hin. Das ist der Beginn einer erholsamen wie aufschlussreichen Entdeckungstour auf einer Länge von zwei Kilometern Wegstrecke. Der Pfad bildet einen grünen Brückenschlag zwischen dem Schloss Herten und dem Landschaftspark Hoheward. Der Name „Burgenland", den Künstler Nils-Udo ersonnen hat, beruht auf 15 künstlerisch gestalteten, begrünten Erdhügeln. Auf acht dieser überdimensionierten „Maulwurfshügel" thronen aus Cortenstahl gefertigte Zechengebäude in Miniaturausgabe, die wie kleine Burgen auf den Betrachter wirken. Sie verbinden zeitlich und räumlich das barocke Wasserschloss und die ehemalige Industrielandschaft des heutigen Landschaftsparks Hoheward. Begonnen wird mit historischen Zechen, die letzten Hügel sind nahezu leer. Links und rechts der Strecke zwischen den „Burgen" erhält der Besucher Informationen, zum Beispiel über den Lebensraum von Tieren und Pflanzen auf Streuobstwiesen. Faszinierend, welch großartige Kleintierwelt auch hier ihren Wohnraum gefunden hat! Ein schöner Weg führt an Wald und großflächigen Wiesen, ebenso an einem Teich, vorbei. Mit etwas Glück beobachten wir einen Reiher beim Fischfang. Nicht nur Spaziergänger erfreuen sich am ländlichen Idyll, Fahrradfahrer nutzen diese Etappe als Verbindung zum Landschaftspark Hoheward. Die Kunstachse Burgenland nimmt nicht nur auf eine Zeitreise durch die Epochen der Kulturlandschaft mit, sondern lässt den Besucher auf diese Art und Weise die Natur auch intensiv erleben. Garantiert ein Glücksmoment für diejenigen, die sich darauf einlassen.

◐ Schlosspark Herten, 45699 Herten
◐ ÖPNV: Bus 211, 212, 243, 249, Haltestelle Schloss Herten

Einstieg ins Waldportal

65 *Das Wildgehege im Naherholungsgebiet Grutholz*

Im Ruhrgebiet ist es immer wieder faszinierend, welch großartige Naturparadiese in unmittelbarer Nähe von Städten und Wohngegenden liegen. So ist es auch mit dem sehenswerten Naherholungsgebiet Grutholz in Castrop-Rauxel, dessen Portale sich vor allem, aber nicht nur, für die aktiven Waldläufer unter den Naturfreunden öffnen. Ob als Freizeitsportler, Wanderer oder Spaziergänger, jeder hat einen guten Grund, ins grüne Grutholz zu kommen. Das großzügige Waldgebiet offeriert so manchem Bewegungshungrigen oder Ruhesuchenden eine Zufluchtsstätte. Ein zentral gelegener Wanderparkplatz vereinfacht den Start ins Naturglück. Schon heißt es: aussteigen, Schuhe schnüren und ab die Post. Die gut ausgebauten Wege für jedermann entlang an Eichen, Erlen, Buchen und Eschen geben bisweilen den Blick auf helle Lichtungen oder querfeldein über weite Wiesenflächen oder gelb leuchtende Rapsfelder frei. Hinreichend Bänke sorgen für eine Atempause, wer denn beim entspannten Gehen eine einlegen möchte.

Das Gebiet ist vor allem bei Familien außerordentlich beliebt: Sehr junge Rumtreiber und Entdecker interessieren sich ganz besonders für die plätschernden Bachläufe im dicht bewachsenen Waldgebiet und deren Uferzonen zum Matschen, Stauen, Fröschekucken. Aber nicht nur deswegen ist das Grutholz in Castrop ein beliebtes Ausflugziel am Sonntag. Für Kinder ist das Füttern von ursprünglich in Ostasien beheimatetem Sikawild und imposanten Damhirschen im Wildgehege Grutholz das Highlight im Wald. Sie können sich mit Futter aus dem Automaten bevorraten und die Tiere an den Gehegezaun locken – und die Tiere sogar näher kennenlernen, inklusive Streicheln! –, während die Eltern auf der Bank derweil plaudern. Zahlreiche Aktionen je nach Jahreszeit machen den Kleinen große Freude, etwa ein gemeinsames Kastaniensammeln mit dem Bollerwagen im Herbst oder das Sommerfest im offenen Wildgehege mit Tombola. Entspannte Momente für Groß und Klein im Idyll mitten in Castrop-Rauxel.

....

> Naherholungsgebiet Grutholz, Grutholzallee, 44577 Castrop-Rauxel
> Wanderparkplatz vorhanden
> ÖPNV: Bus SB 22, 237, Haltestelle Europaplatz, ca. 10 Minuten Fußweg

Himmelswege

Hinauf zur Halde Norddeutschland

Dem Himmel so nah – es geht aufwärts! Dazu gilt es, eine nicht ganz unerhebliche sportliche Herausforderung zu meistern, denn das Bergplateau der Halde Norddeutschland ist über die „Himmelstreppe" mit ihren 359 Stufen zu erreichen. Das erfordert ein bisschen Kondition, zugegeben, und ist auch an sehr heißen Sommertagen nur für geübte Wandersleute eine Option – ist aber in der Tat ein Erlebnis. Natürlich gibt es auch einen bequemen Weg als Alternative, der den Halden„aufstieg" leichter gestaltet – breit, bequem, durch saftige Wiesen, über sanfte Kuppen und weit geschwungen – fast wie im Allgäu, da stellt sich direkt ein Urlaubsfeeling ein.

Aber sie kennen das bestimmt: Manchmal kann man einfach seinem inneren Ehrgeiz nicht widerstehen. Wer gut zu Fuß ist, dem sei also der direkte Aufstieg über die Himmelstreppe empfohlen. Diese wirklich außergewöhnliche Strecke ist in mehrere Abschnitte unterteilt. Ein Abschnitt etwa führt über einen Steg durch ein Schilfgebiet mit kleinem Feuchtbiotop, der Teilbereiche des Aufstiegs geschickt miteinander verbindet.

Ob über die Himmelstreppe oder entlang der Alternativroute, das Gipfeltreffen findet im Hallenhaus statt. Besucher kommen dort schnell miteinander ins Gespräch und philosophieren gemeinsam über das Stahlkunstwerk, das als Zeichen für den Strukturwandel auf dem Haldengipfel errichtet wurde und von der niederländischen Gruppe „Observatorium" ersonnen wurde. Der Gipfel der Halde Norddeutschland, mit 81 Hektar Grünfläche eine der großen Berglandschaften der Metropole Ruhr, gewährt einen famosen Überblick über weite Teile des Ruhrgebiets und des Niederrheins. Weite Flächen, freie Sicht und meditative Stille … dabei den bunten Gleitschirm- und Drachenfliegern zuschauen, die vom blauen Himmel der Erde entgegenschweben. Wir schweben in Gedanken mit und lassen den Alltag auf diese Weise einmal unter uns. Komm zur Kur an die Ruhr.

••

⊙ Halde Norddeutschland, Geldernsche Straße, 47506 Neukirchen-Vluyn

Blühendes Gelb

67 *Rapsfelder in Dortmund*

Wenn sich im Frühjahr die Sonne wieder öfter sehen lässt, wird das junge Grün durch die intensiv leuchtenden Gelbtöne von Rapsfeldern belebt. Ganz profan gesehen steht zweifelsohne beim Anbau von Raps der wirtschaftliche Nutzen im Vordergrund. Bauern müssen mit ihren Traktoren über die Felder düsen und das wertvolle Gut gegen Schädlinge verteidigen und für bestes Gedeihen sorgen. Die gelben Blüten sind überdies eine ideale Nahrungsquelle für Bienen, die erheblich zum Ernteerfolg beitragen.

Darüber hinaus aber kommt bei der Allgemeinheit während der Betrachtung der blühenden Felder doch sofort Vorfreude auf wärmere Tage und viel Bewegung an der frischen Luft auf! Die Revierlandschaft sorgt ja im Aufblühen gemeinhin für gute Laune und lädt zu Wanderungen und Radtouren ein, tut dies aber im Besonderen durch ihre zahlreichen ausgedehnten Rapsfelder in Blüte. Wer mit dem Fahrrad durchs Ruhrtal fährt, kann riesige zusammenhängende Rapsfelder entdecken. Aber auch die stadtnahen Bauernhöfe im Ruhrgebiet – und es gibt immer noch eine ganze Menge alteingesessener Bauernfamilien! – sorgen, vielleicht auf etwas geringerer Fläche, für diese Augenweide. Manchmal reicht nach einem arbeitsreichen Tag schon die Umrundung eines Rapsfeldes, um die Laune zu heben und frische Kraft zu gewinnen. Also: ab nach draußen, durchatmen, entspannen und sich einfach am gelben Blütenmeer freuen, ganz gleich, ob bei einer Fahrradumrundung oder zu Fuß auf den Feldwegen. Wie im ganzen Ruhrgebiet gibt es zum Beispiel in den ländlichen Gefilden Dortmunds zahlreiche Rapsfelder, so etwa im fröhlichen Wechsel einmal in Asseln, in Brambauer, Mengede oder mal in Eving – und natürlich anderen eher ländlich geprägten Bereichen Dortmunds und seiner Nachbarstädte. Ein blauer Himmel wölbt sich über die gelbfrohen Felder und lässt schon einmal sachte von heißen Sommertagen träumen. Am Abend wird es dann gar romantisch, wenn die gelb blühenden Rapsfelder und das Abendrot um die Wette leuchten.

●●

▶ Rapsfelder, Königsheide, 44359 Dortmund-Ellinghausen

Gefiederte Familie

68 Insel der Kormorane in Holzwickede

Stauseen im Ruhrgebiet sind nichts Ungewöhnliches und in den meisten Fällen lohnenswerte Ziele. Der Stausee Hengsen in Holzwickede aber entpuppt sich bei näherer Betrachtung als wahre Ruhrpottperle im Grünen, hat er doch ein besonderes Highlight parat. Hier gäbe es reichlich Material für eine Dokumentation über das wilde Ruhrgebiet und seine Tierwelt! Der Stausee Hengsen hat eine außergewöhnlich gute Lage für eine große Brutkolonie von weit über 100 „Meeresraben", wie sie im Volksmund aufgrund ihres meist glänzend schwarzen Gefieders genannt werden, die mitten auf dem See eine sichere Heimat gefunden haben.

Die „Insel der Kormorane" mit ihren zahlreichen, imposanten geflügelten Bewohnern versetzt viele Besucher an den Uferzonen immer wieder ins Staunen. Spaziergängern, Wanderern oder Radfahrern, die dem Treiben vom Ufer aus zuschauen, wird ein vielfältiges Programm auf der Seebühne geboten. Neben dem Gerangel auf der fast ein wenig zu klein wirkenden Insel um einen Platz auf dem kargen Baumstamm, der als Hochsitz dient, wird geflogen, was das Zeug hält, um mit ihren langen Hälsen und am Ende hakenförmig gebogenen Schnäbeln kiloweise frischen Fisch zu fangen, zu verteilen und zu fressen. Die schweren, großen Tiere können bis zu einem Meter lang werden und sind gewandte Schwimmer und Taucher.

Die Herrscher des Stausees auf ihrem „Thron" ziehen zwar alle Aufmerksamkeit auf sich, sind jedoch nur ein Teil der bunten Vogelwelt, die sich auf dem See tummelt. Neben dem blauen Tauchkünstler Eisvogel sind noch Haubentaucher, Tafelenten, Schwäne und Stockenten Bewohner dieses wertvollen Wasserschutzgebietes. Frischluftfreunde gelangen über einen Pfad durch das Naturschutzgebiet Bahnwald nach knapp 10 Minuten Gehweg zu dieser geschützten Wasserlandschaft; ausgewiesene Teilbereiche der Uferzone dürfen betreten werden. Der Blick über Wald und Wiesen fast bis ins Sauerland ist beeindruckend – willkommen im wilden Ruhrgebiet!

••

> ● **Stausee Hengsen, 59439 Holzwickede**
> ● **Kleiner Wanderparkplatz vorhanden**

Ort der Stille

69 *Feierabend im Waldgebiet Große Heide in Dorsten*

Die Waldluft lädt zum Durchatmen ein und die beachtliche Grünfläche der Großen Heide in Dorsten ist eine hervorragende Ausgangsbasis für kleine oder große Erholungsrunden durch Wald, Wiesen und Felder. Wer Natur in vollen Zügen erleben möchte, ist hier im 150 Hektar umfassenden Waldgebiet Große Heide, eines der letzten durchgängigen Waldgebiete der Region, genau richtig. Eine Übersichtskarte über das große Naturgebiet direkt in der Nähe des Wanderparkplatzes dient den Besuchern als erste Orientierungshilfe zur Auswahl aus einer der unterschiedlichen Streckenlängen – da ist für jeden Geschmack etwas dabei. Nach Feierabend bietet sich zum Beispiel die kleine Erholungsrunde von etwa 4,5 Kilometern Länge durch das Waldgebiet an, genau die richtige Länge für einen erholsamen Gang zum Abschalten. Der Weg kann bequem innerhalb einer Stunde zu Fuß gemeistert werden. Das Gebiet grenzt zum Teil eng an das naturgeschützte Bachsystem des Wienbaches/Hervester Bruches und weist wie dieses hier und da Nasswiesen auf. Der Übergang von Wald und Wiesen zu Weizen- und Maisfeldern verläuft harmonisch und verschafft dem Naturfreund einen Überblick über den weiteren Streckenverlauf. Der führt teilweise durch das kleine Dorf Rhade mit seinem alten Dorfkern rund um die Kirche St. Urbanus. Dank der deutlichen Wegmarkierungen an Bäumen und einiger Schilder in der Großen Heide muss man kein ausgewiesener Wander- oder Outdoor-Fuchs sein, um sich ohne Wanderkarte in der abwechslungsreichen Landschaft zurechtzufinden. Hier ist eine Dosis entspannter Naturgenuss in Bewegung angesagt, übrigens die beste „Medizin" gegen Stress und Co. Viel Grün, frische Luft und Stille sollen sich ja positiv auf Herz-Kreislauf-Erkrankungen sowie auf die Psyche auswirken. Mal ehrlich: Nichts wirkt so belebend wie ein Gang durch den Wald, der den Kopf wieder frei macht. Und manchmal liegt der Reiz doch genau darin, sich auf neue Wege einzulassen und Neues zu erforschen – probieren Sie es doch mal aus. Vielleicht nach Feierabend.

* * *

Große Heide Dorsten, Wellenbrockweg/Hakenweg, 46286 Dorsten
Wanderparkplatz vorhanden

Europäisches Gipfeltreffen

 Die Baumallee auf der Halde General Blumenthal 8

Zwischen Recklinghausen-Speckhorn und Oer-Erkenschwick liegt die kleine Halde General Blumentahl 8, die mit ihrer Bepflanzung aus 28 Bäumen aus den Mitgliedsländern der Europäischen Union zum Friedensberg mitten im Pott wurde. Friedlich und ruhig geht es auf dieser Halde zu und sie ist deshalb ein idealer Glücksort im Grünen für alle, die gezielt einen Weg zur Entschleunigung suchen. Die beeindruckende Baumallee wird angeführt von einer spanischen Eiche und unter anderem ergänzt von einer schwedischen Mehlbeere, die im Sommer von gelben Wildblüten umgeben ist. Mit einer Sommerlinde aus Tschechien, einer Säulenzypresse aus Malta, einer belgischen Rotbuche oder einer ahornblättrigen Platane aus Zypern bilden sie eine noch recht junge Allianz. Ob es tatsächlich am BREXIT lag, dass gerade die englische Eibe aus der Reihe tanzte und langsam verkümmerte, weiß man nicht so genau. Den Abschluss bildet eine deutsche Eiche ganz oben auf dem Bergplateau. Das Durchschreiten der Allee bis hinauf zum Haldengipfel erlaubt den Besuchern einen abwechslungsreichen Ausflug in die Natur gleich mehrerer europäischer Länder.

Die Allee stellt eine würdige Ergänzung zur umgebenden Landschaft dar. Hier ist viel Entwicklungspotenzial zu einer Heimstatt für die bunte Tier- und Pflanzenwelt des Reviers. Halde und Allee werden sicherlich noch viele naturinteressierte Menschen anlocken, auch wenn ihre Schönheit fast ein wenig vor der des Waldgebietes und der Weizenfelder in der charmanten Hügellandschaft drumherum zurücktritt. Einen Eindruck davon gewinnt, wer die Allee in Richtung Gipfel verlässt. Zunächst aber eröffnet sich nach dem Fußweg eine blütenbunt gesprenkelte weite Grünfläche. Der Berg zählt zum Landschaftsschutzgebiet Silvertbachtal und bietet durch seinen niedrigen Bewuchs auf dem Gipfel eine hervorragende Aussicht über die großen Grünflächen der Umgebung. Am Fuße der Halde gibt es eine Streuobstwiese, deren Entstehen wie die Allee der Biostation Oer-Erkenschwick zu verdanken ist.

⬤ Halde General Blumenthal 8, 45739 Oer-Erkenschwick

Belgien

Rot-Buche
(Fagus sylvatica)

Gang auf den Olymp

 71 *Der Mechtenberg in Essen*

Mit dem Landschaftspark Mechtenberg im Essener Stadtteil Kray wurde auf knapp 300 Hektar Fläche eine Landschaft geschaffen, wie sie vielseitiger nicht sein kann. Gegensätze liegen hier dicht beieinander: auf der einen Seite die grüne Industrienatur, auf der anderen Seite die Landwirtschaft mit ihren vielen Nutzflächen. Im Naherholungsgebiet zwischen Gelsenkirchen, Essen und Bochum sind zahlreiche Tier- und Pflanzenarten beheimatet, Teil der Landschaft ist ein Naturschutzgebiet mit Biotopen und seltenen Blumenarten. Die farbenfrohe Vielfalt erwandert man sich auf einem Rundgang um das gesamte Gelände des Landschaftsparks. Der Landschaftsmix wird durch die Mechtenbergbrücke des Architekten Frei Otto verbunden, die Rad- und Wanderwege für ein müheloses Naturerlebnis der Besucher ohne Unterbrechung verbindet, sogar über zwei Bäche. Bei der Brücke handelt es sich um eine fächerförmige Stahl- und Rundstabkonstruktion von über 100 Metern Länge.

Ein Gang wie auf den Olymp: Als erhebend, wenn nicht gar als beglückend, entpuppt sich der Gang durch eine steile Lindenallee auf den

TIPP Einen Gemüsegarten mieten bei www.meine-ernte.de.

Mechtenberg, seines Zeichens die mit über 80 Metern höchste natürliche Erhebung des Emschergebiets, Relikt der Eiszeit und gut für einen weiten Panoramablick. Natürliche Berge sind im Ruhrgebiet sonst selten, man könnte sagen: nicht vorhanden, und dieser entstand aus eiszeitlichem Ruhrschotter. Von oben ist allerhand zu entdecken: unter anderem Kirchtürme, ehemalige Zechen, Fußballstadien und ein bewirtschafteter Bauernhof mit Café und Hofladen. Den Gipfel ziert die um 1900 errichtete einzige Bismarcksäule Essens, ein weiterer Höhepunkt hier im „Dreiländereck" zwischen Essen, Bochum und Gelsenkirchen.

Wem das zu hoch ist, der sucht sich einfach ein nettes Plätzchen und genießt eine ausgiebige Pause im Grünen. Und wer nicht nur die Schönheit der grünen Landschaft bestaunen will, der kann in einem gemieteten Gemüsegarten selbst Hand anlegen. Eine frische Gemüsesuppe ist doch etwas Feines.

> ● Landschaftspark Mechtenberg, Am Mechtenberg, 45309 Essen
> ● ÖPNV: Bus 194, Haltestelle Bromberger Straße, ca. 20 Minuten Fußweg

Ein Leuchtturm im Ruhrgebiet

72 *Die Halde Rheinpreußen*

Innerhalb der Ruhrpott-Mountains darf ein Besuch der Halde Rheinpreußen in Moers nicht fehlen. Diese begrünte Halde mit ihren herrlichen Wanderwegen und tollen Aussichten lädt zu ausgiebigen Entdeckungstouren ein.

Es ist ein Doppelpassspiel von Natur und Industrie, denn neben üppigen Grünflächen bietet der Berg einen Ausblick auf eine gewaltige Kulisse der Industriekultur. Wer das Bergplateau erreicht, wird von einer überdimensionalen Grubenlampe, auch „das Geleucht" genannt, empfangen. Dieser außergewöhnliche Lichtturm ist zu bestimmten Zeiten begehbar und bietet von seiner in zehn Metern Höhe liegenden Aussichtsplattform eine atemberaubende Aussicht – von hier lassen sich markante Punkte des Ruhrgebiets mit bloßem Auge erfassen. Der Künstler Otto Piene hat mit dieser Landmarke einen majestätischen Blickfang mitten im Grünen erschaffen und setzte mit einem Wahrzeichen der Industriegeschichte zugleich den Bergleuten aus der Region ein Ehrenmal.

Diese beeindruckende Ruhrgebietsatmosphäre nutzen viele Naturfreunde und Freizeitsportler, um die städtische Hektik hinter sich zu lassen. Die grüne Landschaft der Halde Rheinpreußen ist mit einer großen Waldfläche und dem nahe liegenden Waldsee verbunden, sodass für ausgiebige Routen im Grünen gesorgt ist. Gepflegte Wege wurden in die Wald- und Wiesenlandschaft eingebettet. Radfahrer, Mountainbiker, Wanderer, Walker und Naturfreunde erleben hier glückliche Momente. Wenn dann am Abend die Lichter angehen, welch ein magischer Moment, wird das grüne Umfeld des Berghangs in ein rotes Lichtermeer verwandelt. Darüber wird die Grubenlampe zum Leuchtturm des Ruhrpotts und signalisiert so manchem aus der Ferne den Feierabend.

Wer Entspannung oder Abwechslung in der Natur sucht, der hat mit einem Besuch der Halde Rheinpreußen einen Volltreffer gelandet.

○ **Halde Rheinpreußen, 47443 Moers**
○ **ÖPNV: Bus 4, Haltestelle Waldsee**

150

Bunte Audienz

73 *Der Lembecker Schlosspark in Dorsten*

Im nördlichen Ruhrgebiet lädt Schloss Lembeck, eines der größten und schönsten Wasserschlösser Westfalens und eine wahre Perle barocker Baukunst, zur Audienz im Grünen. Aber nicht die symmetrische Anlage mit jeweils auf einer eigenen Insel liegenden Vor- und Hauptburg interessiert hier. Sie sind an dieser Stelle nur Zierde des Parks, der seinerseits eingerahmt wird von großen Waldgebieten. Der Anblick der gesamten Bilderbuch-Anlage ist allerdings schon dazu angetan, beim etwas romantisch veranlagten Besucher Gedanken an Märchen, Mythen und Sagen zu wecken … Eine Baumallee und dekorativ angebrachte Blumen am Gemäuer geleiten zum Eingangsportal des prächtigen Schlosses. Die charmante Märchenkulisse des akkurat gepflegten riesigen Schlossparks im englischen Stil verzaubert die Gäste sofort. Immer wieder wird der weit schweifende Blick der Besucher von den Wasserspiegelungen auf den majestätischen Gräften eingefangen. Dezent verbirgt das Grün der schönen Parkanlage die Gehwege, auf denen einem unter anderem Skulpturen begegnen, die die vier Jahreszeiten symbolisieren. Sträucher mit blauen und weißen Blüten zieren die Anlage ebenso wie duftende Rosen in großer Zahl, die an einigen Stellen sogar so prächtig gedeihen, dass sie Bäume und Schlosswände erklettern. Der Blütenzauber aber erreicht seinen Höhepunkt im Rhododendronpark, der mit seinen weit über 150 verschiedenen immergrünen Arten im Mai und Juni ein wahres Feuerwerk der Farben entfacht. Diese Augenweide wurde bereits 1967 vom Gärtner Heinrich Nottelmann inszeniert und imponiert seitdem sogar echten Kennern der Botanik. Tausende Rhododendronblüten entlang der Wege zeugen von großer gärtnerischer Kenntnis, sie erfreuen aber nicht nur Botaniker, sondern lassen auch Scharen an Hobbyfotografen zur Kamera greifen. Die Familie darf übrigens mit auf den Ausflug kommen, denn Spielplätze und eine Grillstelle gibt es auf dem großen Parkgelände auch.

Schlosspark Lembeck, Schloss 2, 46286 Dorsten
www.schlosslembeck.de
ÖPNV: Bus 209, Haltestelle Lembeck Schloss

Grüße vom Amazonas

74 — *Auf dem Leinpfad an der Ruhraue Hattingen-Winz*

Wasserreiche Glücksmomente: Die Ruhr schlängelt sich durch das nach ihr benannte Revier und verbindet dabei unter anderem viele Naherholungsgebiete, die nicht nur sehr gerne von Ruhris genutzt werden. Eines davon ist die Ruhraue Hattingen-Winz mit ihrer artenreichen Tier- und Pflanzenwelt. Bei Überflutung wird aus der Auenlandschaft eine Wasserwildnis, die beinahe an eine sumpfige Urwaldlandschaft auf einem anderen Kontinent denken lässt. Die alten Steinschüttbuhnen in der Auenlandschaft haben sich ganz natürlich wirkend in die Landschaft integriert und trennen kleine „Hafenbecken" ab, die vielen Vogelarten einen idealen Rückzugsort bieten. Beeindruckende, massige Heckrinder beweiden die Grünflächen an der Ruhr, was für ein schönes Bild! Der parallel zum Fluss verlaufende Leinpfad lässt durch die üppig bewachsenen Uferzonen hindurch schöne Blicke auf die Ruhr zu, von hier aus können Naturfreunde selbst ohne Fernglas das Leben am und im Fluss ein Stück weit beobachten. Die Ruhraue ist Lebensraum und Wasserparadies für mehr als 140 Vogelarten wie zum Beispiel Fischreiher, Eisvögel, Kormorane, Kanadagänse, seltene Schwarzkehlchen, stolze Schwäne und Stockenten. Trotz der an bestimmten Flussabschnitten stärkeren Strömung vermittelt die Ruhr mit ihrem klaren, gleichmäßigen Wasserlauf Ruhe. Das Programm lautet hier: Entspannung satt. Naturinteressierte werden besonders in stillen, besinnlichen Morgenstunden bei der Betrachtung des Eisvogels bei seinem Tauchgang einmal vom Alltag abschalten. Der RuhrtalRadweg schenkt auch hier wieder vielen Radfahrern Glücksmomente. Aber auch Wasserwanderer nutzen ihre Kanus oder Stehpaddel, um diese reizvolle Landschaft intensiv zu erleben. Auf der guten, alten Ruhr gemächlich durchs Grün zu gleiten, auf der einen Seite die liebliche Aue, auf der anderen Seite der Leinpfad – was kann es Schöneres geben? Das ist einmal eine sehr meditative Art, einer Naturlandschaft sehr nahe zu kommen.

TIPP Kanus kann man sich an der Ruhr an vielen Stellen leihen, zum Beispiel bei www.ruhr-piraten.com.

○ Naturschutzgebiet Ruhraue Hattingen-Winz, Isenbergstraße, 45529 Hattingen
○ Wanderparkplatz vorhanden

Wilde Zone

75 *Das Naturschutzgebiet Kocks Loch in Mülheim*

Fernab der Ruhrtalbrücke hat sich am rechten Ruhrufer ein Naturschutzgebiet in den Mülheimer Ruhrauen namens Kocks Loch zu einem kleinen Paradies entwickelt. Auf knapp 25 Hektar bieten Auenwälder, Weichholzauen, Röhrichtzonen und weiterer dichter Wildwuchs Tieren Raum zum Gedeihen. Das Gebiet südlich der Mendener Brücke gilt als eines der letzten erhaltenen natürlichen Feuchtgebiete im Ruhrgebiet. Wenn die Ruhr einmal Hochwasser führt, wird Kocks Loch in der Regel überschwemmt; ansonsten durchziehen zahlreiche Altarme des Flusses das Gebiet. Hochgewachsene schimmernde Silberweiden spiegeln sich in kleinen und größeren Wasserflächen, der dschungeldichte Bestand von Schilf und Röhricht bildet eine hervorragende Schutzzone und Brutstätte für seltene Vogelarten.

Die öffentlich zugänglichen Bereiche des Naturschutzgebietes sind gut zu Fuß oder per Rad erreichbar und lassen naturinteressierten Menschen genug Spielraum für Entdeckungstouren – aber bitte möglichst ruhig verhalten und keine Tiere aufschrecken! Denn auf seinen Wegen kann der aufmerksame Beobachter zum Beispiel dem Haubentaucher bei eindrucksvollen Flug- und Tauchkünsten im glasklaren Wasser des Altarmbereiches zusehen: Der stockentengroße Wasservogel sammelt hier Wasserpflanzen für seinen Nestbau. Über dem Seerosenteppich der geschützten Wasserzone demonstrieren Libellen pfeilschnell perfekte Kunstflüge, während ein Graureiher regungslos auf seinen langen Beinen im sumpfartigen Biotop nach Beute Ausschau hält. Nicht erschrecken, auch der mächtige Nutria, die Biberratte, hat hier sein Revier gefunden und zieht im Wasser gemächlich Bahnen.

Das Naturparadies ist Teil der großen Saarn-Mendener Ruhraue und hält noch viel mehr „wilde" Momente für seine Besucher bereit. Am besten, man schnappt sich sein Fahrrad und fährt entlang der Ruhr, um mit dem Naturschutzgebiet Kocks Loch einen weiteren grünen Glücksort im Ruhrgebiet für sich zu entdecken.

· ·

○ **Kocks Loch Mülheim, In der Heil/Mendener Str., 45470 Mülheim**
○ **Kleiner Wanderparkplatz vorhanden**
○ **ÖPNV: Bus 151, Haltestelle Wöllenbeck, ca. 15 Minuten Fußweg**

Fliegender Wildwuchs

76 *Pusteblumen auf der Halde Ewald Fortsetzung*

Die Industrienatur sorgt ja auf alten Zechengeländen und Halden an vielen Stellen im Ruhrgebiet für ein schönes Comeback der Natur. So auch auf dem Haldengelände Ewald Fortsetzung (ja, nicht wundern, der Name ist so korrekt!) in Oer-Erkenschwick. Die Bergehalde ist zwar nicht so groß wie ihr bekannter Bruder, die Halde Ewald in Herten, aber immer noch groß genug für eine ausgiebige Erholungsrunde im Grünen. Es sind ja oft gerade die scheinbar unscheinbaren Gebiete, die sich bei näherer Betrachtung und Begehung als reizvoll erweisen, insbesondere im Frühling.

Eine schöne wilde Wiese finden die Besucher im oberen Haldenbereich, dem roter Klatschmohn, lilafarbene Disteln, gelbweiße Gänseblümchen, Löwenzahn und weitere Pflanzen eine bunte Mütze aufsetzen. Der prächtig gedeihende Wildwuchs zeigt, ganz zur Freude von Hummeln, Bienen und anderen Insekten, wie die Natur mit ihren Pflanzen in voller Blüte selbstständig ein Landschaftsbild formt. Hier auf dem Haldengelände Ewald Fortsetzung zählt der Löwenzahn zur botanischen Prominenz: Dominiert wird der ganze Blütenteppich nämlich von den „Pusteblumen". Der Gelbling, der sogar einmal den 500-DM-Schein zierte, verwandelt sich im vollen Reifegrad zum weißen Flauschball; sein Stängel dient als Absprungrampe für unzählige kleine Samenfallschirme. Die Samen des Löwenzahns sorgen dann stabil wie Fallschirme im Wind schwebend und fliegend für weiteren Wildwuchs.

Nun, man muss nicht unbedingt einen ganzen Berg erobern, um Pusteblumen zu sehen, dazu reichen schon leichte Gehwege inmitten von Grün: Auf dem über drei Kilometer langen Haldenrundweg stehen auf dem ersten Plateau Natursteinblöcke zum Sitzen und Verschnaufen bereit, dort ist man ja auch schon mitten in der Natur. Einfach mal loslassen, den Pusteblumen-Fallschirmen nachschauen und die Natur in den Ruhrpott-Mountains genießen. Ready for Take-off und fröhliches Pusten.

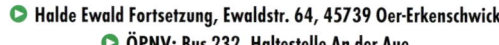

● Halde Ewald Fortsetzung, Ewaldstr. 64, 45739 Oer-Erkenschwick
● ÖPNV: Bus 232, Haltestelle An der Aue

Harmonisches Naturparadies

77 *Die Heesener Lippeaue in Hamm*

Was haben ein Weißstorch, ein Eisvogel, weitere Vogelarten und ein Kammmolch in Hamm gemeinsam? Den Lebensraum und Rückzugsort im fantastischen Naturschutzgebiet der Heesener Lippeaue. Diese beeindruckende Landschaft ist ein weiterer Beweis, welch liebliche grüne Ecken es doch im Revier gibt. Die Lippeaue am ländlichen Rand des Ruhrgebiets zeichnet sich besonders durch ihre artenreichen Feuchtgebiete aus. Ständig ist die schöne Auenlandschaft einem Wandel durch Wasser unterlegen. Wie der Amazonas schlängelt sich die Lippe durch das teilweise überschwemmte Naturschutzgebiet und bietet vielen seltenen Pflanzen- und Tierarten Nahrung und Lebensraum – sie ist aber nicht nur ein Paradies für Reptilien und Insekten. Der Naturinteressierte entdeckt und beobachtet auch Wasservögel wie Graureiher, Kanadagänse und Störche, die nur auf der Durchreise sind, oder aber die „Gaukler der Lüfte", die Kiebitze. Ein Aussichtsturm von etwa zehn Metern Höhe mit zwei Ebenen ist der ideale Platz für weite Ausblicke über das Auenland sowie den Auwald und natürlich die bunte Vogelwelt. Mensch und Tier verweilen hier in harmonischem Einklang.

Das Fotografenherz schlägt höher, sobald sich die ersten Störche im Morgennebel aufmachen, um in der Auenlandschaft Futter für die Vogelfamilie zu organisieren. Der Weißstorch hat den weiten Flug aus Afrika hierher nicht bereuen müssen und ist hier wieder ansässig geworden. In enger Nachbarschaft mit Eisvogel, Uferschwalben und seltenen Amphibienarten wie dem Kammmolch hat er im „wilden" Ruhrgebiet ein ruhiges Plätzchen gefunden. Das Ganze ist das erfolgreiche Ergebnis der Bemühungen des EU-weiten Schutzgebietsnetzwerkes Natura 2000: Um die Lippeaue als Lebensraum für bedrohte Arten und als Rückhalteraum für Hochwasser zu schützen, wurde die Aue unter anderem in einigen Abschnitten naturnah umgebaut, beispielsweise Uferzonen aufgelockert sowie Flutmulden, Kleingewässer und Dünen angelegt. Ein grüner Glücksort erster Klasse für Mensch und Tier.

Heesener Lippeaue, Niederwerrieser Weg, 59071 Hamm

Bergaktivitäten

 78 *Drachensteigenlassen auf dem Deusenberg*

Wer mal kurz eine Verschnaufpause im Grünen braucht, der hat auf dem Deusenberg in Dortmund die beste Gelegenheit dazu. Diese Erhöhung kennen die auf dem Emscher Park Radweg oder der Route Industriekultur Radelnden meist schon gut vom Sehen und sie hat sich zu einem begehrten Ausflugsziel gemausert. Mit dem Deusenberg wurde ein Naherholungsgebiet mit direkter Anbindung an die Innenstadt geschaffen. Die Umgebung des grünen Hügels ist von Bäumen, üppigen Sträuchern und breit angelegten Wiesenflächen geprägt. Kaum zu glauben, dass diese renaturierte Landschaft auf der ehemaligen Deponie Huckarde basiert! Der Aufstieg auf den grünen Hügel, auf dem langsam, aber stetig Pflanzen und Wildkräuter die Herrschaft übernehmen, ist gemütlich und entspannt zu meistern. Wer es lieber sportlicher mag, wählt den Zugang zum Bergplateau über den Treppenaufstieg. Der Deusenberg ist darüber hinaus eine Top-Location für Freizeitaktivitäten, vor allem gibt es einen formidablen Moutainbike-Parcours mit Starthügel, Steilkurven für Fortgeschrittene, eine Trainingsstrecke nicht nur für Anfänger sowie einen Single Trail über die gesamten 17 Hektar der Haldenfläche.

TIPP Besuchen Sie auch die alte Kokerei Hansa und erleben Industriekultur und Natur in Symbiose hautnah.

Der Berg ist aber vor allem wie gemacht für luftige Entspannung im Grünen: Beim Drachensteigenlassen haben kleine und große Besucher sichtlich Spaß, ihre Flugkünste auszuprobieren und ihren zum Teil selbst gebauten bunten Fliegern nachzuschauen, wenn sie über die schöne Wiesenlandschaft gleiten und in den Himmel steigen. Einfach mal wieder Kind sein, die Gedanken mitfliegen und alles andere hinter sich lassen! Obwohl der Deusenberg im Vergleich zu anderen Halden nicht sehr hoch ist, bietet er doch eine hervorragende Sicht in alle Himmelsrichtungen. Bekannte Wahrzeichen von Dortmund wie der Florianturm im Westfalenpark, die alte Kokerei Hansa und das Dortmunder U verschaffen Besuchern eine rasche Orientierung. Am Abend funkeln unten die Lichter der Stadt und über der Dortmunder Skyline die Sterne. Was für ein Ruhrpott-Idyll.

○ **Deusenberg, 44369 Dortmund**
○ **Parkplatz vorhanden**
○ **ÖPNV: Bus 410, Haltestelle Huckarde-Recyclinghof**

Blühende Industrienatur

79 *Der Gleispark Frintrop in Oberhausen*

Der Sammelbahnhof Frintrop war einmal ein Umschlagplatz für Kohle und Stahl, wie es so viele in der Wiege der Industrialisierung, dem Ruhrgebiet, gab. Weithin war das Rangieren und Beladen der Güterzüge mit ihren langen Waggonketten zu hören. Einige Relikte im Gleispark aus dieser Zeit erinnern heute noch an den Güterbahnhof. Der Bahnhof war einmal an das Streckennetz der Köln-Mindener Eisenbahn angeschlossen und wurde nach dem Niedergang der Montanindustrie in den 1960er-Jahren stillgelegt. Glücklicherweise, muss man in diesem Fall sagen, denn die Natur hat ganze Arbeit geleistet und aus dem Gelände eine schöne Landschaft werden lassen. Die Gleise wurden aus der nunmehr grünen Station der Route der Industrienatur entfernt. Und voilà, hier ist er, der Gleispark Frintrop, das beliebte Ausflugsziel für alle Generationen! Nichts Spektakuläres, dafür aber ein idealer Rückzugsort für den Menschen, um die Natur auf sich wirken zu lassen, und für so mancherlei Tierarten, sich in Ruhe zu vermehren und auszubreiten. Wer sich nach einem kleinen Rundgang mit oder ohne Hund auf einer der zahlreichen Bänke ausruht, kann sich an einem reichen Angebot bunter Wildpflanzen auf großflächigen Wiesen erfreuen. Und wer genau hinschaut, erkennt dort muntere Aktivitäten, wie zum Beispiel die einer Vielzahl an Schmetterlingen. Feuerfalter, Zitronenfalter oder Tagpfauenauge tanzen hier über Sommerflieder, Weidenröschen, Seifenkraut und Distel. Der schöne Wildbewuchs hat den größten Teil der Brache zurückerobert und lässt den Gleispark unter Einbindung industrieller Hinterlassenschaften zu einer höchst interessanten Landschaft werden. Der grüne Erholungsraum zwischen Essen und Oberhausen mit seinen wilden Wiesen und Buschflächen wird von Baumgruppen und Wäldchen durchsetzt und umgeben. Bei den Bäumen hat die Birke die Pionierarbeit im Rahmen der industriellen Renaturierung übernommen und spendet Spaziergängern, Joggern und Walkern an heißen Sommertagen Schatten.

○ Gleispark Frintrop, Dellwiger Straße, 45357 Essen
○ ÖPNV: Stadtbahn 103, Haltestelle Wertstr.

Schöne Aussichten

 80 *Themenrouten in der Westruper Heide in Haltern*

Nicht umsonst hat Johann Wolfgang von Goethe das Heidenröslein so zu Herzen gehend bedichtet. Wer hätte das vermutet? Im nördlichen Teil des Ruhrgebiets in Haltern unmittelbar am See, dem seit Generationen so beliebten Ausflugs- und Camping-Ort, erstreckt sich auf 90 Hektar Fläche eine Heidelandschaft mit Besenheide, Sandmagerrasen und Wacholderhainen. Insbesondere im Sommermonat August leuchtet die blühende Heide auf Flächen und Dünen, als sei ein Tuch aus fantastischen lila-, rosa- und purpurfarbenen Blüten über das ganze Naturschutzgebiet ausgebreitet worden. Dieser eindrucksvolle Farbteppich erstreckt sich bis zu den Waldbereichen, die die natürliche Begrenzung der eiszeitlichen Dünenlandschaft darstellen. Die Heide selbst hat sich einst nach der Abholzung von Wald, das heißt, nach zu extensiver Almendenutzung, ausgebreitet.

Ein umfassendes Wegenetz mit Themenrouten wie der Naturerlebnisroute, der Wacholder-Entdeckungstour, der Bienen- oder auch der Dünenroute erstreckt sich über das ganze Gelände. Die schönen Wanderwege des herrlichen Naherholungsgebiets führen direkt durch den Sand und durch das blühende Heidekraut. Gut erkennbare farbige Pfosten markieren zur besseren Orientierung die einzelnen Routen, Hinweistafeln an den Stationen informieren die Wanderer und Spaziergänger über die Besonderheiten der Landschaft an der jeweiligen Stelle. Die Landschaft erweist sich bei näherer Betrachtung als sehr vielfältig und wird immer wieder durch hohe Kiefern und Gruppen von Birken im niedrigen Bewuchs aufgelockert. Auch Tiere fühlen sich hier wohl, so haben etwa die Heidelerche oder die Schlingnatter hier ihr Zuhause gefunden. Meistens durchwandert man die pastorale Schönheit allein, doch wer Glück hat, begegnet einer Herde von Heidschnucken, die gewissermaßen Landschaftspflege betreibt. Natürlich ist die Westruper Heide in Haltern auch zu jeder anderen Jahreszeit als im Sommer ein lohnendes Ziel. Um im schönen grünen Ruhrgebiet einmal mehr so richtig aufzublühen.

TIPP Ein Besuch des nahe gelegenen Seebads am Halterner Stausee lohnt sich immer.

 ▸ Westruper Heide, Hohemarkenweg 116, 45721 Haltern am See
www.westruper-heide.de
 ▸ Wanderparkplatz vorhanden

*Für eine tolle Zusammenarbeit und die textliche Unterstützung
bedanke ich mich ganz herzlich bei meinem Sohn Kevin,
Frau Schroeder und Frau Durdel-Hoffmann.*

Bibliografische Informationen der Deutschen Nationalbibliothek
Die Deutsche Nationalbibliothek verzeichnet diese Publikation in der Deutschen Nationalbibliografie;
detaillierte bibliografische Daten sind im Internet über http://dnb.d-nb.de abrufbar.

© 2018 Droste Verlag GmbH, Düsseldorf, 2. Auflage 2018
Konzeption/Satz: Droste Verlag, Düsseldorf
Einbandgestaltung und Illustrationen: Britta Rungwerth, Düsseldorf unter Verwendung von Bildern von
© Fotolia.com: jd – photodesign.de; © iStock: Plociennik Robert
Fotos: Thomas Dörmann, außer S. 165: Isabell Dörmann
Druck und Bindung: Gutenberg Beuys Feindruckerei GmbH, Langenhagen
ISBN 978-3-7700-2031-7

www.drosteverlag.de